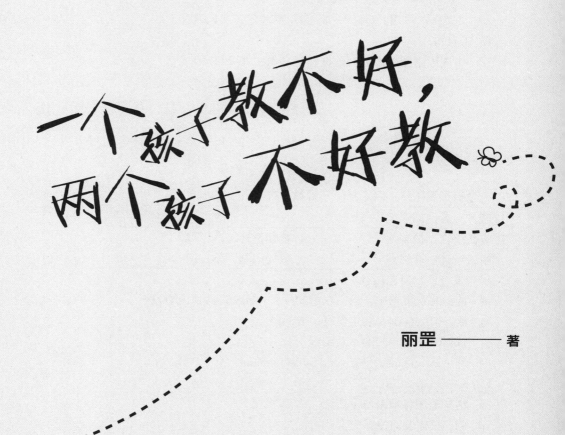

一个孩子教不好，两个孩子不好教

丽罡 ——— 著

台海出版社

图书在版编目（CIP）数据

一个孩子教不好，两个孩子不好教 / 丽罡著 . 一北京：台海出版社，2018.11

ISBN 978-7-5168-2140-4

Ⅰ.①一… Ⅱ.①丽… Ⅲ.①儿童教育－家庭教育 Ⅳ.① G782

中国版本图书馆 CIP 数据核字（2018）第 235750 号

一个孩子教不好，两个孩子不好教

著　　者：丽　罡

责任编辑：员晓博　　　　装帧设计：ABOOK 壹书工作室 小一 Design 891380906

版式设计：新视点　　　　责任印制：蔡　旭

出版发行：台海出版社

地　　址：北京市东城区景山东街20号　　邮政编码：100009

电　　话：010-64041652（发行，邮购）

传　　真：010-84045799（总编室）

网　　址：www.taimeng.org.cn/thcbs/default.htm

E-mail：thcbs@126.com

经　　销：全国各地新华书店

印　　刷：固安县京平诚乾印刷有限公司

本书如有破损、缺页、装订错误，请与本社联系调换

开　　本：710 mm × 1000 mm　　1/16

字　　数：223 千字　　　　　印　张：16

版　　次：2018 年 11 月第 1 版　印　次：2018 年 11 月第 1 次印刷

书　　号：ISBN 978-7-5168-2140-4

定　　价：39.80 元

二孩时代，做两个宝贝的父母，需要学习的东西太多。

俗话说"手心手背都是肉"，父母都是爱自己的子女的，相信绝大多数父母不会因为生育二宝而忽视大宝，但绝大多数大宝却会产生"有了弟弟妹妹，爸爸妈妈就不爱我了"的想法，尽管采取极端手段伤害弟弟妹妹的情况少之又少，但多数"大宝"会出现烦躁、焦虑和嫉妒等心理问题。

二孩家庭中大宝的心理问题，可归咎为心理学上的"同胞竞争"，指随着弟弟或妹妹的出生，大宝会表现出某种程度的情绪紊乱，这种情感紊乱的程度如果表现得十分明显，就有可能成为病理性的。

因此，当二宝到来的时候，如何做好大宝的思想工作，如何化解大宝的心理问题，如何平衡大宝与二宝之间的关系，如何处理两个孩子之间的矛盾分歧等诸多教育问题，是二孩家庭父母们亟须学会的功课。事实上，如果大宝教不好，那么两个孩子你也不会教。

另一方面，在二孩家庭的教育过程中，父母所面临的问题也会更多样化、更复杂化，因而教育方式也需要适时地做出相应的调整和变化。

一些年轻父母往往会陷入这样的误区：由于对大宝采取民主的教育方式效果不好，就对二宝采取专制教育；或者对大宝的教育效果很好，就以同样的方式教育二宝。事实上这种教育观念相当不靠谱。每个孩子都是独一无二的，也是千差万别的，教养大宝时的方法用在二宝身上不一定有效，虽然教育二宝时可以借鉴之前的经验，但是千万不能照搬照抄，否则方法不对路，教育效果也会不理想。

解决这些问题，关键是父母怎样理解两个孩子，如何理解爱。其实不管是大宝还是二宝，当父母的都要在意识深处，不断提醒自己努力学习，做更为合格的父母。本书所给出的，与其说是答案，不如说是爱的方式。

　　也许，每个家庭的育儿理念都不同，每个爸爸妈妈或多或少都有一些自己的想法，我们可以相互借鉴，相互探讨，可以提出异议。总之，我们共同的心愿，就是让两个孩子能够亲密无间地陪伴，共同开心快乐地成长。

　　其实，养育孩子是父母的一场自我修行，陪伴孩子学习与成长的过程中，我们也能从孩子身上学习到很多东西，以此来实现整个生命的圆满。多一个孩子，其实是给我们多一次学习和成长的机会，且行且不易，且行且珍惜。

目录

第七章
千万别一视同仁
认清个性差异，因人制宜，因材施教

第八章
男孩在左，女孩在右
遵循性别差异，男孩这样养，女孩那样教

第九章
不打不骂，才是靠谱的爸妈
棍棒教育，大宝会抗命，二宝也不从

第十章
不惯不溺，幸福的孩子苦着教
现在让他俩吃苦，是为了他们以后的幸福

PART A　橙色育警

二宝来了，问题就来了

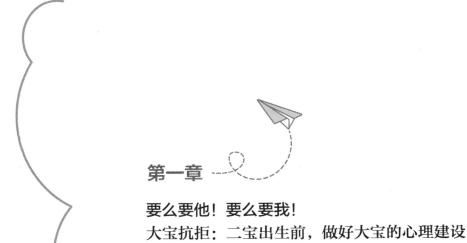

第一章

要么要他！要么要我！
大宝抗拒：二宝出生前，做好大宝的心理建设

想再添一个宝宝的家庭，做好了全部准备，唯独老大这关过不去。大宝认为，爸爸妈妈给自己添弟弟妹妹，他们就会抢走自己的爱。这可如何是好？怎样才能让大宝不再抗拒呢？

二宝与大宝相差几岁合适？——年龄差影响亲密度

苏虹和老公都是独生子女，也许是成长路上有些孤单，他们一直都盼望能有两个孩子，小时候两个人一起长大热闹，长大后遇到事情有个商量的人。头胎生了个儿子之后，两人再生一个的愿望非常强烈，于是在大宝一周岁时，立刻开始"造人"。确定怀孕之后，苏虹每天都充满了期待，本以为生活会更幸福，但是一件接一件的烦心事都来了。

苏虹怀孕时，一岁多的大宝正是需要妈妈无时无刻陪伴的年纪，他只要没睡觉都得要妈妈陪着，而且时不时还要妈妈抱抱，一会儿看不见妈妈就会哭得撕心裂肺。怀孕后期身体本来就累，苏虹还要时刻照看大宝。大宝那时已经十几千克，妇产科医生告诫苏虹不要提超过7.5千克的"重物"，当大宝抱着腿，仰着头可怜兮兮地看着自己，嘴里叫着"妈妈，抱抱"时，苏虹内心充满了愧疚。

等二宝出生后，苏虹虽然已经有了一定的育儿经验，但依然会措手不及，生活节奏彻底被打乱了：早上4点多，苏虹还在睡梦中，二宝开始发出"咿呀、咿呀"的声音，这是饿了。苏虹一骨碌从床上坐起，开始抱着二宝喂奶。喂着喂着，二宝睡着了。6点多，大宝睁开眼嚷着要喝奶，还没把大宝的奶冲好，二宝又哭着要吃奶。看到妈妈抱着二宝，大宝也非要抱，一个劲儿地伸手，否则就哭闹不止。就这样，夫妻两个一早上围着两个孩子忙半天，苏虹累得够呛不说，老公也经常上班迟到。

等孩子稍微大点儿，吃喝拉撒的事儿少了，可几乎每天都要处理孩子打架的事，尤其是大宝3岁半、二宝两岁的时候，两个人几乎天天抢玩具，天天打架，为此苏虹整日忙得焦头烂额，不知道怎么让他们两个相亲相爱。"儿女都有了，虽然很高兴，却也苦不堪言。"苏虹颇为无奈地说。

二孩开放后，好多家庭跟风似的生起了二胎，但许多人生了二胎后却发现没有以前幸福了。为什么？二胎注定更辛苦吗？其实不是。

事实上，大宝和二宝不同的年龄差，父母所体会到的感受不尽相同。因为两个孩子的年龄差不仅会决定整个家庭的和谐运转，对两个孩子的亲密度也有很大影响。科学安排两个孩子的年龄间隔，能轻松解决许多问题。两个孩子间隔几岁最好？这恐怕是计划迎接第二个生命之前要面临的第一个问题。

一般来说，大体呈现以下三个年龄差，利弊各异。

间隔1~3岁

好处：两个孩子间隔1~3岁，从养育孩子的时间、衣物、用品成本等方面考虑，最为环保节约有效。由于孩子年龄相差不大，玩耍和休息包括照料都在一个节奏上，我们可以集中精力进行照料，而且大宝更容易接受二宝，排斥心理也较轻，大宝还可以充当二宝的半个行为和语言启蒙师，关系会更亲密。

缺点：生一个宝贝不容易，妈妈的身体消耗特别大。一些妈妈由于前后两次的孕产期太近，影响了身体恢复。同时，妈妈要照顾两个婴幼儿，一旦遇到孩子生病哭闹，应对会十分辛苦，给自身带来较大的负担。而且，抚养两个孩子同步带来的各种费用是集中的，家庭经济压力大。

间隔4~7岁

好处：两个孩子间隔4~7岁，当二宝到来的时候，一般情况下，大宝已进入幼儿园学习，可以给予两个孩子高质量的陪伴。而且，在这几年的时间里，妈妈的体力和精神已经达到了相对良好的状态，会更有精力迎接二宝的到来。由于两个孩子间隔几年，经济上总体较为充裕，不太会影响到生活品质。

4~7岁的孩子已经具备了基本的生活能力，如果不是特别排斥弟弟或妹妹，大宝通常可以帮助爸爸妈妈照看二宝，做一些力所能及的家务活等，这不仅会促进父母与大宝的感情，也有利于培养大宝和二宝之间的感情。即便这种感情称不上亲密无间，也会是一种相对自然和谐的关系。

缺点：相差4~7岁的两个孩子生活和思想不在一个节奏上，大宝此时处于自我人格建立期，二宝还处在懵懂的婴幼儿期，彼此之间很少有共同参与并喜好的项目。如果父母处理欠周全，过度重视二宝，会容易让大宝产生被忽略、被冷落的感觉，对二宝的排斥心理也相对严重，甚至完全不理睬二宝或故意欺负二宝。

间隔7~12岁

好处：两个孩子间隔7~12岁的话，可以想象，此时大宝已上小学或者中学，这时候要二胎，说明父母都是很有主见和想法的，身体健康，且经济能力相当充裕，生活比较平稳。此时再养育一个孩子，新生命的诞生无疑会给生活带来无限的喜悦和感动，能使夫妻关系更甜蜜，也能使家庭氛围更欢乐。

缺点：此时的大宝正值叛逆期或青春期，处事很固执，经常顶撞父母，非常不好管教，通常会强烈抵制二宝的降生。即便勉强接受了二宝的到来，也会带着二宝嬉戏玩乐，但更多的也只是一种从上到下的照顾，出于哥哥或姐姐的责任，缺乏主动的带有激情的投入，早期不容易成为真正意义上的朋友。如果父母未能及时给予大宝关注和肯定，大宝会变得更叛逆，引发孤僻、暴躁等不良心理。

生活中大大小小的事情，必须根据实际情况来确定，同一件事每个人会有不同的做法。所以，二宝与大宝究竟间隔几岁最理想，其实也并没有标准答案，大家可以参考以上不同间隔期的利弊，结合自身具体的身心状态及家庭情况再做出合理的安排。

需要提醒的是，大宝和二宝的年龄差是影响彼此关系的一个客观因素，但不是唯一要素，因为两个孩子的成长，除了年龄，还与性格以及父母教育、家庭环境等多个方面有很大关系。所以，无论年龄相差大还是相差小，只要父母加以科学而正确地引导，完全能消除年龄差带来的负面影响。

二宝要来了，别怕大宝反对故意隐瞒他

"早知道女儿这么介意我生二胎，我就不该故意隐瞒她。"

王女士今年已经33岁，夫妻两人都是公务员，工作稳定又轻松。虽然不是大富大贵，但小家庭美满和睦。于是国家实行二孩政策后，王女士就考虑要生二胎，一是觉得女儿没有伴，太孤单；二是希望这次能生一个儿子，凑成一个"好"字。

夫妻两人一商量，便不谋而合，于是就去医院检查了下身体，医生说两人都没有什么问题，可以要二胎。由于担心女儿不同意，王女士夫妻就偷偷商量着，反正女儿现在只有9岁，懵懵懂懂的。先怀上了再说，等到时生下来了，也许看到那么可爱的二宝，女儿再不愿意，也不会反对的。于是王女士就进入了备孕阶段，没想到过了一个多月就顺利怀上了，夫妻两人都很开心。

怀孕期间，王女士的孕吐很厉害，经常吃着饭就跑厕所吐了。"妈妈，您怎么了？"女儿总是睁着大眼睛追问。好几次王女士都想告诉女儿真相，但又怕女儿闹情绪，便搪塞说自己生病了。过了几个月，王女士的孕肚已经很明显。女儿又问："妈妈的肚子怎么变大了？"王女士就谎称自己只是长胖了。

后来从邻居的话语中，女儿得知妈妈已经怀孕8个多月了，她一回到家就开始哭闹起来，"你们都是骗子""为什么不跟我商量一下？""你们一直想要个儿子

吧！"……接下来的三天，全家出动劝慰女儿，女儿却认定父母嫌弃自己是闺女。后来为了报复父母，她居然开始逃课，任谁劝都不肯再去上学。

看到这里，也许不少人会认定这是一个任性又不懂事的孩子，觉得做父母的要生二胎，还需要跟个孩子汇报吗？父母要生孩子，跟大宝有半毛钱关系吗？其实，生二胎这事跟大宝的关系大着呢！大宝也是家中的一员，也是一个独立的个体，他们虽然小，却也有自己的思想和意识，有自己的喜怒哀乐，所以做父母的应该尊重大宝，凡事都要跟大宝沟通好，尤其是要二胎这件事。

爱都是自私的，不希望被人瓜分，我们大人都有这样的心理，为什么就不允许孩子有这样的想法呢？我们总认为大宝反对二胎，就是自私，就是无情，可是我们却忘了，他只是个随时需要被疼爱的孩子，他想维护自己在家中的地位，想拥有爸爸妈妈更多的关注，这本身没有错，不是吗？

所以，千万不要等二胎都出生了，才想起来和大宝沟通。如果是意外有了二宝，也不要回避，毕竟还有10个月可以和孩子沟通。

其实计划要二胎时，肯定会涉及每一个细节，家人的言谈举止中也难免涉及，如果孩子什么都不知道，只能靠听到和看到的猜测，只会让孩子感到不安，失去安全感。所以，如果父母已计划要二胎，最好将你们的计划说出来，征求一下大宝的意见，了解大宝的真实态度和接受程度。

这种考验无疑是一种人性考验，大宝可能对即将到来的二宝有着非常复杂、非常强烈的情绪。不管大宝的态度怎样，我们都要平和对待他的意见，鼓励他释放自己的情绪。比如，你可以时常和大宝谈谈心，"妈妈能理解你的心情，妈妈怀孕了，不能像以前那样每天陪你玩，你是不是不开心？"

在和大宝提出二宝问题的时候，不要贸然，而要事先做一些铺垫和引导。比如，带大宝观看一些比较和睦的双宝动画片，然后通过简单的询问把话题自然地引出来："这个妹妹好可爱，是不是？""弟弟和妹妹，你更喜欢谁呢？""他们兄弟两个互帮互助，多有爱！"等等。接下来，你可以通过大宝的态度和回答，来确定大宝对于二宝的态度，是欢迎，还是反感，或者干脆没感觉。

如果大宝对二宝这个问题并不反感，甚至愿意发表意见，那么恭喜你，找机会提出二胎计划会比较容易。当然，这里也不是说不看情况就直接和大宝进行讨论，要选择大宝心情比较愉快、放松的时候，比如玩游戏、散步的时候进行讨论，效果会好一些。这样可以让大宝提前做好心理准备，当二宝出生后，大宝就不会因为事出突然而产生强烈反应，日后也能避免不少双子冲突。

切记，在这个过程中，父母千万不要流露出想要二宝的强烈意愿。

如果大宝正处于心情不好的阶段，或者对二胎特别排斥，不要强制性地逼迫大宝，要接受孩子的哭闹及坏脾气，最好暂缓一段时间再要二胎。过段时间再耐心地找机会引导，多交流、多沟通、多讲道理，慢慢地引导他，通过改变大宝的观念来让他接受生二宝的事实，以免孩子出现过激反应。

在这个过程中，我们不妨告知大宝真实的初心和考虑："爸爸妈妈想要两个宝宝，因为我们希望在这个世界上多一个亲人，希望多一个人可以和你相互陪伴，共同成长"，并坦诚自己的担心和苦恼——"但是我们担心你会因此不开心，我们很苦恼你不愿意接受爸爸妈妈生二胎这件事。"

当我们为自己做了决定，并真诚地向孩子袒露心声时，善良如孩子，纯真如孩子，又怎么会拒绝如此真诚的我们呢？

对于二宝的到来，大宝为什么激烈抵触

如果有一天你和大宝说："给你来个小弟弟或者小妹妹吧！"你猜他会怎么想呢？

结果无非是两种，要么欣然接受，要么激烈抵触，后一种在当前更为普遍。

近日朋友圈疯传一段视频，视频中，一个小男孩撂下狠话："妈，你要是敢生二胎，你就等着，等哪天晚上你们都睡觉了，我就从楼上跳下去。"

妈妈问："这么高跳下去，你不怕疼吗？"

小男孩说："反正你生二胎我就不会活。"

随后，妈妈又问："你不想有个弟弟或妹妹吗？"

小男孩答："不要，你们说过有我就够了。"

妈妈又说："生个弟弟或妹妹，可以陪你一起玩。"

"不要，不要"，小男孩头摇得像个拨浪鼓，"我跟表哥和表弟玩行了。"

尽管妈妈再三表示"有个弟弟或妹妹，不会对你不好"，但是小男孩似乎并没有听进去，最后更是表示"你敢生，我就敢死，你看我能不能落实"。

不管这段视频是否属实，但为了反抗父母生二胎，大宝们有撂狠话的，有哭闹的，有绝食的，有故意使坏的，还有离家出走的！当然，更狠的是某15岁女生直接威胁父母：如果他们要生弟弟或妹妹，她就给他们生一个外孙！没有生二胎，都是母慈子孝，一旦要生二胎，那简直是鸡飞狗跳。

父母要二宝，大宝说了算？为什么这样？通常，这是家庭教育溺爱骄纵惹的祸。现在的独生子女从小习惯了全家人围着自己转，生活中比较以自我为中心，他们会本能地害怕弟弟妹妹来和自己分享，破坏现有的"和谐"局面，进而产生严重的抵触情绪。面对这种孩子，父母们需要反思一下平时的教育，是否过于溺爱孩子？如若如此，就要及时纠正自己的教育方式，帮助大宝端正自己的认识。

值得进一步说明的是，还有一些并不"自私"的大宝也会对妈妈生二胎持有不同程度的抵触情绪。有一位心理专家说："其实二孩会给家里的老大带来巨大的心理压力，这种压力远比父母感受到的要强烈得多，一旦忽视，后果不堪设想。"这就需要我们正视大宝对二宝的抵触情绪，并加以化解。

不要一味指责大宝

对于大宝的抵触情绪，甚至哭闹，我们不能片面地归结于孩子的自私任性，而一味地去指责或训斥。"你怎么这么自私""你怎么只知道为自己考虑"，这些话语会让孩子偏激地认为自己是一个坏孩子，进而表现得更加叛逆，更加不服管教，甚至把矛头指向出生后的二宝。

面对二胎时，哪些孩子心理更容易出现问题呢？从年龄层面来说，小学阶段的孩子心理更容易出现这些问题，因为他们通常心理素质比较差、自我意识不强。如果父母的关心不够，就会产生不满和恐惧。从性格方面来说，内心比较敏感，或者内向、固执的孩子更容易表现出抵触。

给予大宝充分的理解

大宝为什么就这么不欢迎二胎呢？很多父母对此感到难以理解："我们之所以生二胎，很大一部分原因就是为了让大宝多一个玩伴，以后两个人互帮互助，他怎么就不理解呢？"父母考虑得如此长远，但孩子更多的会意识到，接下来会多一个小孩跟自己抢玩具、抢零食，甚至抢爸爸妈妈的爱。

之所以如此，是因为在弟弟妹妹出生后，父母难免会把更多的精力放在年龄小的孩子身上，两个小孩之间存在天然的竞争关系。为了避免自己在家里的主导地位遭受冲击，便是大宝表现"异常"的深层次心理动因。从这个意义上讲，大宝的诸多"出格"行为，其实是在唤起父母对他们的关注。

为此，当大宝有抵触情绪和行为时，父母要给予充分的理解，当大宝知道你愿意理解他的感受时，就会慢慢平复下来。

和大宝进行深入的沟通

父母在充分理解的前提下，接着要和大宝进行深入的沟通。多花时间陪伴大宝，多了解大宝的想法，多倾听大宝的心声，多站在大宝的角度考虑问题，然后再慢慢进行疏导。当大宝看到父母对自己的关心，明白自己的做法伤害到了父母，慢慢就会消除心中的种种不快，并化解心中的抵触情绪。

如果方法得当，大宝反而能借此懂得爱，学会独立思考，获得自我成长的空间。

要生二宝，我们要征求大宝的意见，但并非把决定权完全交到大宝手里。生还是不生，关键还是夫妻之间如何抉择。这里的重点是，我们要和大宝好好沟通，并且提前做好心理建设工作。孩子的心是最真最纯的，只要父母做好理解和沟通工作，相信大宝们都会开心地等待二宝的到来。

如何解除大宝担心爸妈被抢走的忧虑

有部法国电影叫《小淘气尼古拉》，是一本漫画改编的喜剧电影。

尼古拉是一名上学不久的小学生，他深受父母宠爱，天真烂漫，在学校也与一帮朋友玩得开心。后来班上一个同学家里有了小弟弟，这位同学非常的"伤心"，特别烦恼，因为他觉得二宝抢走了爸爸妈妈的关注和爱。一下子，班上的孩子们都觉得有一个弟弟或妹妹是一件非常恐怖的事情。

一天，尼古拉的爸爸邀请公司老板及夫人来家里吃饭，以便获得老板的青睐，方便获得升职加薪，谁知他们的谈话影响到尼古拉。尼古拉误以为妈妈怀孕了，他不久将会有个弟弟，而且爸爸妈妈因为这个弟弟，不想照顾他了，要把他扔掉。尼古拉沮丧极了，将一帮小伙伴们纠集在一起商量对策，大家七嘴八舌给他出了一堆建议，包括送花、大扫除，甚至找罪犯领养弟弟等荒谬办法。为了想尽一切办法让妈妈喜欢自己，尼古拉用3法郎给妈妈买玫瑰花，陪妈妈去全是女人和女孩的聚会，带着他的一群伙伴到家里，一起手忙脚乱地打扫卫生，还引发了一连串啼笑皆非的误会。

通过调查发现，想要二胎的父母在跟孩子进行沟通时，90%的孩子都会拒绝拥有一个弟弟妹妹。至于理由，各种各样，但最普遍的一条是："如果爸爸妈妈再生一个弟弟妹妹的话，他们肯定就不会像现在这么爱我了！"也就是说，担心父母的爱被即将到来的二宝剥夺，会使大宝觉得自己的地位受到威胁，甚至会有被抛弃的感觉。

小孩在心理上比较脆弱和敏感，本来集"万千"宠爱于一身，二宝的出现势必会夺走原本专属大宝的关爱，这种潜在的敌对心理很容易给他们造成压力。"有了弟弟妹妹，以后我就不是爸妈唯一的孩子了。""爸妈不能像以前那样整天陪伴我了，如果哪天我不乖可能还会被丢掉。"如此怎能不感到恐慌？在这种情感落差下，大宝很容易在心里讨厌这个来和自己争宠的"坏二宝"。

所以，千万不要因为大宝年纪小，就可以忽略他们的心理感受。大宝一旦知道自己即将有个弟弟或妹妹，他敏感的心就会意识到自己的生活即将发生变化。我们要及时让大宝了解情况，这样大宝就不会因为事发突然而产生强烈反应，也可以避免因为不了解实际情况而感到疑虑和担心。

要做到这一点，还是需要爸爸妈妈花一些心思的。

提前预告不可避免的事实

当二宝还未出生时，先提前向大宝预告不可避免的事实——家里将添加一个新成员，他非常重要，和你一样重要。也不用刻意隐瞒在二宝出生后，爸爸妈妈会把一部分时间和精力分给二宝的事实。关于这点，越早沟通越好。虽然大宝可能不会完全懂得，但是至少可以提前有个心理准备，以免突如其来的失落感和孤独感。

理解并体谅大宝的忧虑

如果家长能理解并体谅大宝的这种情感，让孩子充分认识到你们并不会因为有了二宝而不爱他，那么一切就好办多了。

当大宝不高兴时，你可以试着帮他说出感受："你不太开心？你担心二宝出生后妈妈不爱你了是吗？妈妈不能像以前那样陪你了？""是的，二宝需要妈妈花时间去照顾，但是这不会分走妈妈对你的爱，我们永远地爱你。""二宝和你一样都是爸爸妈妈的孩子，我们是一家人，我们一样爱你们。"……

陪伴是最长情的告白

现在的孩子都比较聪明，你有一点点变化他们都能感受到，何况你要他们接受的是一个弟弟或者妹妹的到来，你就算说得再好，你的爱也会分给另一个孩子，这是事实。所以，说得再多，不如有些行动，平时多陪陪孩子，和孩子说说话，多一些亲近行为，比如轻轻地抱抱，握着孩子的手，摸摸孩子的头发，等等。这些行为看似不起眼，却能够让孩子时时刻刻感受到你的温情。

在准备要二胎时，赵铭提前和自己7岁的女儿商量。谁知，女儿一听就跑到自己的房间，不一会儿传来了哭声，连晚饭也不肯吃了。一边哭，一边说："有了弟弟妹妹，你们就不会爱我了。"看来，女儿对于失去爸爸妈妈的爱是多么的恐惧。

了解情况后，赵铭直接抱起女儿，一边抚摸女儿的头，一边安慰道："放心，我们会永远爱你的，永远不会因为有别的孩子而忽视你、冷落你，你永远是家里的大公主。"

听到妈妈这样说的时候，女儿终于停止了哭泣。

第二天，赵铭带着女儿去商场，买回来了许多她喜欢的玩具，女儿终于又有了笑脸。

看看，和孩子不用"玩心计"，孩子很单纯，只是需要你的一个承诺而已。

怀孕后，赵铭对待女儿和以前一模一样，晚上睡觉前会给她讲故事，节假日会陪女儿去游乐园。尽管孕后期时常感到力不从心，但赵铭绝不会以这个为理由拒绝陪伴女儿，尽量满足女儿的合理需求。比如，当女儿请求妈妈抱一抱时，她会换个姿势，坐着抱或躺着抱，或者让爸爸或家人帮忙抱。

就这样，赵铭不减少一分对女儿的爱，用行动补足了女儿缺乏的安全感。女儿的种种忧虑慢慢减少了，后来甚至盼着妈妈赶紧给自己生个可爱的妹妹。

别把生不生的压力转嫁给孩子

一位32岁的孕妈妈，怀孕快三个月了，但是她打算放弃腹中宝宝，来做人工流产手术。

按照惯例，医生会询问一下原因："你年纪并不大，怀孕已经快100天了，胎儿发育得挺好，为什么放弃？"

"唉，我也是没办法……"这位孕妈妈无奈地回答，"当我问儿子想不想当哥哥时，我儿子坚决不要。"

"实在有点可惜，要不要再考虑下？"医生建议道。

孕妈妈摇摇头，非常无奈："我这儿子脾气实在倔强，他让我在两个孩子之间选一个，我不想破坏我们的关系。"

孕妈妈有选择的权利，医生尊重了孕妈妈的选择。

回家后，这位妈妈发现儿子的不良情绪依然明显，每天放学后，一直留在学校里，不愿意按时回家。就算回到家里，他也是把自己关在房间里，不和父母交流。这位妈妈感到委屈极了。"就是因为儿子反对，我才不要二胎的，我为他做出了如此大的牺牲，他为什么一点也不体谅和感激我？我到底应该怎么做？"

看到这样的事例，相信正常人都会指责这个母亲的无知。

在这个事例中，我们看到，当儿子做出威胁举动后，这位妈妈选择了妥协与顺从，从而过早地结束了那个孕育中的生命。这看似是一种爱，实际上却给儿子传递了一个错误信号，认为威胁是实现目的的有效途径。今后，当他有其他诉求得不到满足时，会不会再度祭出这一撒手锏？极有可能。

当我们问大宝，你要不要弟弟妹妹时，这到底代表了什么？

如果大宝回答要，他就一定会爱弟弟妹妹吗？

如果大宝回答不要，难道我们就要放弃二胎吗？

我们仔细思考一下，在要二胎时，很多父母会征求大宝的意见，除了出自对大宝的尊重之外，更多的是会包含其他目的，大意是：

我们生孩子会顾及你的想法，看看我们是多么好的父母。

怀不怀孩子我们定，要不要孩子你来定，你是老大，你的责任更大。

如果你同意了，你就要负责任，以后有什么问题，不能怪我们。

很明显，这是把生不生的压力转嫁给了孩子。我们必须认识到，要不要生二胎，大宝的意见可以作为参考，但是真正的决定权在自己手上。毕竟生孩子是如此重大的一件事，怎么能把责任丢给一个孩子。我们最应该做的是，及时对大宝做心理上的疏导，征得他的理解与支持。

要二胎，你最应该考虑的问题其实是：

你们夫妻感情好吗？

孩子成长需要一个和睦快乐的氛围，如果父母经常发生争吵和矛盾，势必会对孩子成长造成一定负面影响。这一点在生育第一个孩子时就可以观察到，如果夫妻感情不佳，是不推荐要二胎的，除非先改善夫妻关系。这就需要思考，我们如何在又一个家庭成员加入的时候，更加相亲相爱，让我们的家庭氛围更好。

切记，给孩子一个充满爱的家庭环境，远比昂贵的玩具和早教班重要。

你们有足够的时间吗？

孩子在成长过程中，无时无刻不需要父母的陪伴，需要父母之间的协调配合，工作与家庭之间的平衡。如果夫妻两人都忙于工作，势必会减少对孩子的陪伴，那么孩子性格方面的发育就可能扭曲，表现为孤僻、霸道等特征。

为此，你们需要讨论一下将来如何生育二胎、教养两个孩子。比如家务如何分担，工作如何安排，大孩子如何带？这些问题讨论得越清晰，夫妻之间就越容易有效地合作，两个孩子才可能快乐成长、亲密无间。

你们的经济条件是否支持再要一个孩子？

要二胎不能一时冲动，毕竟生养和抚育两个孩子，吃、穿、用、行、教育等方面是一笔不小的经济负荷。如果你们没有这个经济实力，为了不让两个孩子受委屈，还是暂时别要二胎为妙。一个孩子养起来已经捉襟见肘，再要一个岂不是雪上加霜？当然，这一点每个家庭有每个家庭的养法，自行决断。

你们身体和心理上做好准备了吗？

生二胎意味着什么？你可能会因为再生一个孩子而身材走样，难以恢复，还可能会从此不能在晚上睡个安稳觉。更重要的是，还要担心他生病，忧虑他的将来，你确定已经做好了这些准备了吗？

注意，女性身体处于最佳状态时受孕，胎儿才能发育得相对更好一些。如果年龄偏大，超过35岁，一定要去医院做全面检查，需要调理就做调理，并做出相应的预备措施。男性也有必要检查和调理身体，将身体状态调整到最佳状态。如果身体条件不允许，千万别轻易冒险。

你们为什么打算要二胎？

"已有一个小孩，还想凑成好字。""一个小孩太孤单，多个小孩热闹。""多个小孩，可以减轻将来养老压力。""单纯地喜欢孩子。"……这是不少人选择二胎的原因，但我们最应该思考——作为孩子的第一任老师，我们应该成为怎样的父母？严格要求自己，拥有平和的心态、稳定的情绪，才是成就育儿愿景的前提。

如果这些问题你们都没有想过，简单把生不生的压力转嫁给孩子，那么很可能之前跟大宝的关系就存在很多问题，现在只不过因二胎激发出来了而已。

拒绝别人逗孩子，别让敏感话加深大宝忧虑

汪梅怀孕了，因为提前做了大宝的工作，一切进行得很顺利，但依然会遇到头疼的事。

这天，汪梅带着女儿唐唐在小区广场玩耍，一位跳舞的阿姨走过来逗唐唐："你妈妈有了弟弟，以后就不喜欢你了。"

唐唐瞪圆了眼睛："哼，才不是呢！"

那位阿姨干脆坐了下来，假装严肃地对唐唐说："真的，将来你妈妈有了弟弟，就要去照顾弟弟了，哪还有时间照顾你？"

唐唐扭头看了看妈妈，虽然她嘴上说不相信，但是她的表情却显示出她有点怀疑了。

汪梅觉得这只是在开玩笑，看着唐唐认真又纠结的样子，她和阿姨一起笑了起来。

谁知，唐唐猛地一扭头，生气地跑掉了。

上楼前，唐唐特意问了妈妈一句："妈妈，有了弟弟，你还喜欢我吗？"

汪梅非常肯定地回答："喜欢，不管什么时候妈妈都喜欢你。"

但是这件事情造成的影响还没结束，那一段时间，唐唐不再愿意去小区广场玩

耍，宁可窝在家里缠着妈妈玩玩具。晚上，也一定要缠着和妈妈一起睡。那时汪梅的孕肚已经很明显，担心唐唐睡觉时会不小心踢到肚子，便不同意。谁知，唐唐就会哭闹："哼，你只喜欢弟弟，不喜欢我了……"

瞧瞧，外人一句"你妈妈有了弟弟，就不喜欢你了"，给唐唐造成了多大的影响。

有了二宝之后，几乎每个妈妈都会遇到别人逗孩子的情景，这些人可能只是开玩笑，但千万不要掉以轻心。虽然说出"妈妈不喜欢你，只喜欢弟弟"这样的话只需要几秒钟，但是在二宝即将到来的那段时间里，大宝本就焦虑、恐惧和不安，再加上这句话，就会给大宝的心灵造成创伤。

如果父母和大宝之间的亲子关系一直不够和睦，或者最近闹了不愉快，这样的玩笑话无疑具有强大的杀伤力，等同于火上浇油。

生活中总免不了一些"熊"亲戚、"熊"朋友，为了逗孩子而故意说"你妈妈有了弟弟，不喜欢你了""你爸爸妈妈再给你生个妹妹，不要你了""再生一个二宝，把好吃的好玩的都给二宝"，这样的言语对孩子有莫大的刺激和引导，会激发大宝心中的紧张、焦虑、没有安全感等负面情绪，进而会对弟弟妹妹产生排斥甚至敌对情绪，以后多半会争宠吃醋，大大不利于家庭团结和睦。

所以，在二宝出生前，你应该提前给亲戚朋友打招呼，一定要避免说出那些会"离间"大宝和二宝的玩笑话。更不要用这种话来试探孩子，成人的人性都经不起考验，何况孩子。

亲戚朋友还比较好处理，还有很多不可预知的场合，会发生逗大宝的事情。这时候，父母千万不要碍于情面而保持沉默，或者赔笑，甚至帮腔，这对孩子的伤害会更深更广。保护孩子不受到伤害，是每位父母的责任，此时你要及时站出来，提醒别人不要这么做："请不要这样逗孩子。"

为了最大程度上避免孩子被"逗"而受伤害，为了最大程度上照顾好孩子的感受，我们还要明白地告诉孩子："叔叔刚才在骗人，这不是真的，妈妈会永远爱你。"同时，教会孩子应对这种场面，比如鼓励孩子大胆表达自己的想法，当有人说"妈妈不喜欢你"时，直接当面反驳"你骗人""你瞎说"。

在这一方面，汪梅后面的做法值得称道。

当意识到别人的玩笑对唐唐的伤害后，汪梅时常会表达对唐唐的爱，并试着教她积极应对。之后再有人逗自己时，唐唐不会再像以前一样惊慌失措，而是直接反驳"我妈妈说那种话是骗人的""我妈妈永远都会爱着我，我才不相信！"听见唐唐这么回答，逗她的人顿时觉得无趣，以后便不会再如此逗她了。所以总的来说，这些被大人逗的经历，最终没有对唐唐产生太坏的影响。

当然，最要紧的是建立亲密无间的亲子关系。如果父母和大宝平时足够亲密，关系融洽，父母给大宝的安全感良好，大宝深信爸爸妈妈对自己的爱，那么即便遭遇他人的逗笑，大宝可能也会一笑了之。即使大宝产生了怀疑，影响也不会很大，只要经过父母及时的解释，他也很容易恢复到正常的状态。

怕就怕，你与大宝的亲子关系早就出现问题，当他人故意逗笑时，你也根本意识不到大宝因此而产生了疑虑，没有及时采取措施弥补。这种情况下，以后你想和大宝重建理解和信任，就将是一个无比艰难的过程。

循序渐进，帮大宝建立好家庭角色认知

开学都已经快一个月了，一对母子仿如生离死别般在幼儿园门口拉扯着。

儿子又哭又喊，嘴里含糊不清地说："妈妈，我不要上幼儿园，我不要离开你……"

妈妈一开始还好言相劝："乖，幼儿园好多小朋友，好多好玩的，你不是最喜欢幼儿园了吗？放学了，妈妈早早来接你。"

"我不，我不要离开你。"儿子还是不依不饶，就是不肯进幼儿园。

那位妈妈火了："你闹够了没有，上学都迟到了，赶紧进去。"

一旁的老师有些不解，问道："宝宝今天怎么了，以前挺喜欢上学的啊？"

那位妈妈叹了口气："昨天告诉他我怀孕了，已经闹了一晚上了，今天还是不行。"

"您是怎么和孩子说的？"老师问。

"我觉得他6岁了，已经懂事了，告诉他'妈妈肚子里现在有了二宝，你是大哥哥了，以后妈妈不能搂着你睡觉了'。"那位妈妈答道，"谁知道，他一晚上一直抱着我睡觉，今天说什么也不肯上学了，他太不懂事了。"

真是孩子不懂事吗？其实只因这位妈妈做错了。

妈妈提前把怀孕的事实告诉大宝，以为这样能够让大宝更快适应新情况。殊不知，妈妈看似是一种安慰的话，反而会引起大宝的焦虑和不安。因为妈妈的那句话造成了大宝不恰当的归因，他读到的信息是原来弟弟妹妹出生，是要跟我分享妈妈的，这就相当于让他和二宝对立起来了。

在告诉大宝关于二宝的事情时，父母是要讲究一定的方法的，其中关键的是提前帮大宝建立好家庭角色认知。对孩子而言，重新建立家庭角色认知并不是一件简单的事，需要一个循序渐进的过程。

站在大宝的视角与立场来说明

在提及二胎时，父母一定要站在大宝的视角与立场来说明整个事情，这样反而会令大宝顺利接受，为此不妨这样告诉他："我们决定要一个宝宝，爸爸妈妈觉得你太孤单了，以后你会有一个伴，有什么事情，你们可以互帮互助。""在这个世界上，你将拥有一个亲人，一个和我们一样爱你的人。""以后你就是大哥哥了，作为家里的大孩子，这证明你已经长大了。""我们知道接受一个弟弟或妹妹的确不容易，但你愿意跟爸爸妈妈一起学习做一个好哥哥/好姐姐吗？"……这会让大宝意识到，爸爸妈妈如此在乎自己，如此深爱自己，接下来他便容易接受和接纳二宝！

通过角色模拟游戏引导大宝

和大宝一起玩照顾宝宝的游戏，网络上有很多款类似的虚拟游戏，宝宝脏了，一起负责用肥皂和海绵给宝宝洗澡；宝宝饿了，需要喂牛奶；宝宝不高兴了，给他玩玩具让他停止哭泣；宝宝出行，需要准备各种衣服。这种角色模拟会让大宝充满责任感和成就感，进而对二宝的到来充满期待。

在整理大宝的物品时，也可以适时地告诉他："这件衣服太小了，留着给二宝穿，好不好？""这双鞋子是你小时候的，现在你穿不下了，要不要送给二宝？"这可以帮助大宝建立"我的东西可以给弟弟妹妹使用"的概念以及"我要当哥哥姐姐"的家庭角色认知，逐渐培养包容、接纳、关心和照顾别人的情感。若是大宝不愿则不要勉强，避免大宝认为自己喜欢的东西被"抢"走了。

让大宝认识到，拥有一个弟弟或妹妹是很美好的事

虽然二宝的到来会对大宝的生活产生影响，接下来将面临玩具、零食以及家庭资源等的共享与分享。但是，我们也需要让大宝提前明白二宝也会带来一些好处，拥有一个弟弟或妹妹是很美好的事，消除孩子的顾虑和疑惑。在这一方面我们可以投其所好，表达得越具体越好，例如"买汉堡时我们可以多点几个口味，你们两个人换着吃""你俩的玩具可以换着玩""你会得到二宝的爱，二宝长大后也会关爱你"等。独生子女的童年往往都是孤独的，如果能引导孩子接受一个玩伴儿，两个人可以一起玩耍，父母的爱也都是双倍的，孩子一定会高兴地接受。

爸爸妈妈若有兄弟姐妹的话，不妨多和大宝讲一些关于兄弟姐妹间的故事，还可以给大宝看一些和二胎有关的绘本，如《我当哥哥了》《我想有个弟弟》《彼得的椅子》《跟屁虫》等，故事和书本对孩子的影响非常大，往往会超过日常的言语熏陶，而这些小故事中不经意透露出来的手足之情，能让大宝认识到兄弟姐妹之间的爱和欢乐，认同故事里哥哥或姐姐的角色，期待自己也有弟弟妹妹。

说到这里，相信许多父母已经看明白了，大宝之所以不接受弟弟妹妹的到来，其实最根本的原因不是自私，而是他们不明白有一个弟弟妹妹意味着什么，对自己会产生怎样的影响。循序渐进，帮大宝建立好家庭角色认知，明确地知道弟弟妹妹意味着什么。接下来，一切就会顺利多了。

培养大宝对二宝的爱从孕期就要开始

妈妈怀孕了，问3岁的女儿："你想让妈妈给你生个弟弟还是妹妹？"

"不要，不要。"女儿说。

妈妈耐心开导："有一个弟弟或者妹妹的话，以后你就有玩伴了"。

"妈妈，我喜欢小狗"，女儿说，"我可以和小狗玩，你给我生个小狗吧！"

见妈妈面露难色，女儿又说："要不生个小猫也行！"

弟弟妹妹还不如小猫小狗，这听起来似乎很好笑，却反映了孩子对弟弟妹妹通常没有任何的概念，一时很难接受。这也提醒了不少即将迎来二胎宝宝的家庭：如果遇到大宝抗拒，如何让大宝快乐地迎接二宝？

之前我们已经讲过不少方法，这里再提供一个好方法，即从怀孕开始妈妈就要让大宝参与进来，提早帮助两个孩子建立连接。

比如，给二宝准备东西的时候，拉上大宝一起，让他给弟弟或者妹妹选择衣服、奶瓶等，让他感觉到二宝也是家庭中的一员；在给二宝起名字的时候，最好也要让大宝参与，让大宝提供自己的想法，或者是父母写出几个名字，让大宝从里面挑一个，这些活动会让大宝感受到这个家庭不能少了自己，从而对即将成为哥哥姐姐而感到兴奋。

为了培养大宝对二宝的爱，不妨以二宝的名义给大宝送礼物，买一套大宝很喜欢的衣服，准备一些大宝喜欢的零食等，告诉他"这是弟弟妹妹送你的礼物，以后请多多关照"，这招很多妈妈都用过，这样一来，大宝会更期待弟弟或者妹妹的到来。总之，让大宝对肚里的宝宝产生一种期待感，目的就达成了。

王曼的儿子小名叫"一一"，为了化解大儿子一一因为妹妹的降生产生的焦虑不安，王曼在怀二胎的时候，就想办法让一一接受妹妹，除了各种暗示，在给妹妹起名时还征求了一一的意见，问他希望自己的妹妹叫什么名字？一一说"花花"。这个名字来自一一看的一部动画片，里面有一只小老虎叫花花。虽然只是一个小名儿，却给一一带来了小小的责任感与成就感，对妹妹非常爱护。

虽然怀孕后会面临许多问题，例如孕吐、肚子隆起等，妈妈生理和心理上都会受影响，但是面对老大，妈妈应努力呈现一个好的状态。不舒服的时候，用具体的症状来回答孩子的"为什么"，别笼统说因为"弟弟"或"妹妹"，因为这会让关心妈妈却又不懂其中道理的大宝对折磨妈妈的任何人怀有敌意。

怀第二个孩子，是对大宝最好的生命教育。怀孕的时候，妈妈不妨把身体的一些变化向大宝说说，有胎动的时候，让大宝也来抚摸一下，或者贴在妈妈的肚子上，听听胎儿的动静，跟肚子里的宝宝打招呼、讲话。如果有机会，可以带大宝一起去做超声波，看看自己未来弟弟妹妹的B超照片，这些都可以让大宝感受到生命的神奇，同时对于弟弟或妹妹的到来充满期待。

在此期间，大宝可以真实地看到一个小生命孕育的全过程，不妨适时地告诉他，你也是这样在妈妈肚子里面长大的，你也是这样一步一步长大的，这样大宝就明白了自己曾经也住过现在二宝住的"房子"，真正明白同胞兄弟姐妹的意义，有利于激发大宝的爱心和对弟弟妹妹的照顾欲望。

经过一段时间的这种亲子互动，相信大宝已经对二宝不再陌生，可以愉快地接受二宝的到来，并且为自己即将成为哥哥或姐姐而自豪和骄傲。

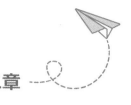

第二章

爸爸妈妈不再爱我了！
大宝失落：二宝出生后，更要给大宝高质量的
陪伴

二宝来了，大宝的安全感必然缺失，这时的他更需要陪伴。所以，你给二宝多少爱，也一定要给大宝多少爱，甚至更多。要始终抚慰大宝那颗敏感易伤的心。

二宝出生后，更要时刻关注大宝的情绪反应

田希家有两个宝宝，大宝叫芊芊，今年刚上幼儿园；二宝叫楚楚，刚满4个月。

这天，田希到幼儿园接芊芊放学时，老师悄悄将她拉到一边，说芊芊最近状态不太好，每当同学们在一起玩的时候，她总是一个人默默地站在边上。上课的时候，她也很少发言，而且还经常开小差。

"是吗？以前芊芊不这样啊！"田希有些惊讶。

"我也觉得奇怪，便私底下问她到底怎么回事。"老师说，"一开始，芊芊不愿意说，后来我告诉她不会告诉别人，她才将心中的小秘密告诉我——'我最近心情很不好，因为爸爸妈妈都爱小弟弟，不怎么理我了。'"

老师的这个"告密"，让田希更加担心了。

原来，田希和老公都是独生子女，有了芊芊之后，他们就寻思着再生一个，给她做个伴。楚楚刚出生那几天，芊芊很开心，每天早上醒来都要先看看弟弟，这令田希一颗悬着的心放了下来。两个孩子凑成了一个"好"字，夫妻两人更是喜不自禁，总是抱着楚楚看了又看。很多亲戚朋友来家里时，往往一进门也会直奔楚楚而去，因为可爱的小婴儿总是更吸引人，有些亲戚还会直接评价起来："二宝长得精致，多像妈妈，以后会是个大帅哥。""看来你们拼二胎，真的是拼对了……"

所有人都沉浸在喜悦之中，完全无视了在角落里默不作声的芊芊。渐渐地，芊芊开始变得有些反常，不再像以前喜欢玩闹了，经常一个人看电视。只要妈妈一离开视线，她就开始大喊大叫。只要遇到不碰心的事情，她就会乱发脾气，哭闹不止……"明明二宝出生前她是那么兴奋、那么激动，说好会帮妈妈照顾二宝的，怎么都不算数了？"这令田希莫名其妙，却也无可奈何。

很多家庭生了二宝后，发现大宝成了"问题孩子"。其实，这些状况并不是说明大宝没有以前乖了，而是父母没有平衡好对两个宝贝的关爱。

在二宝出生之前，大宝是家里的独生子女，好吃的全部都是自己的，好玩的全部都是自己的，爸爸妈妈也只爱自己一个人。他们习惯以自己为中心，没有机会去分享，当然也缺少分享的习惯和能力。

二宝来了，大宝的世界全变了。最明显的改变就是所有的大人都不再整天围着自己转了，而是将大部分的精力都花在刚刚出生的二宝身上。尽管在准备生二胎之前，我们已经给大宝做好了心理建设，但当二宝真的来临，大宝就会发现，现实与自己想象的不一样，因为他不再像原来一样享受聚万千宠爱于一身了，要真实地面对父母的关注和爱被另一个人分走，甚至全部夺走的局面。

这样强烈的反差，对于年纪尚小的大宝来说，当然会无所适从，甚至不知所措，他们需要一个慢慢接受和调整的过程。在此期间，如果父母处理不当或者不及时，很容易使大宝产生一种"地位不保"之感，认为爸爸妈妈不再爱自己，进而变得不爱说话、闷闷不乐或乱发脾气等。

有位妈妈回忆起自己儿时的经历："我是姐姐，家里还有一个妹妹，我俩只差一岁半。小时候，妈妈总是背对着我哄妹妹入睡，我心里特别难过，总是不停地哭泣，妈妈则指责我不乖，最后我只能抱着妈妈的脚睡觉。至今二十多年了，我仍然记得当时那种被抛弃的感受，这令我总是怀疑自己不被深爱。"

在这里，我们要负责任地告诉大家：家有二胎，其实更应该关注的是大宝。

是的！当第二个宝宝降临时，不论我们做了多么充分的准备，大宝都会被这巨大的变化打乱阵脚，一种巨大的生存压力随之而来。有些大宝不知道怎么表达自己，便会用行动表示紧张、愤怒和不满。有些大宝看起来很"乖"，不哭，也不闹，但是情绪都藏在心里面，整天都闷闷不乐的。其实大宝也不想这样，他也不知道自己是怎么了，但我们要明白，此刻的大宝正在向我们求救。

妈妈，你还像以前那样爱我吗？

妈妈，我还是那样重要吗？

妈妈，我的存在还有意义吗？

妈妈怎么办？我不想失去你！

面对大宝如此深刻的提问，此时，我们应该怎样回应呢？

我们需要随时明确地告诉我们的大宝："妈妈爱你，和生二宝之前一样爱你！"

事实上，在大宝发出这些信号之前，我们就应该时常向他表达爱意，多亲吻、多抚摸、多拥抱！即便有了二宝，我们仍要确保这样的相处模式。哪怕再忙再累，每天也要抽时间陪陪大宝，一起玩一些游戏，读一会儿书，或者讲个小故事，这不会花费多少时间，却会让大宝知道你心里有他。

更加重要的是，我们要从内心接纳大宝的情绪，允许他对二宝的到来焦虑不安，允许他可以嫉妒、可以不满，允许他的各种不适应！

在我们的内心，都希望大宝能够快速适应二宝的到来，而这会成为我们评价大宝的一个标准。当他表现出不接受、不满意二宝的行为时，我们本能地会表现出对他的不满、烦躁，甚至厌恶。即便我们勉强地拥抱了他，大宝所感受到的也并非拥抱的喜悦，而是一种表露无遗的不满和烦躁。

只有真正接纳大宝的不适应，我们才能坦然地允许他通过哭闹来缓解紧张情绪，允许他有想和妈妈一起入睡以证明妈妈依然爱自己的诉求，允许他有随时随地黏着妈妈以防弄丢妈妈的小心思。所以，当二宝出生之后，对大宝的关心不要减少，同时也要鼓励他心里想什么就说出来，及时与父母沟通。

那么，怎么说才会更好一点呢？

"我知道现在要弟弟和你一起分享妈妈的爱，对你来说有点接受不了，你有什么想法都可以告诉妈妈，妈妈非常理解你的这种感受。"

"小时候，妈妈也和你有过一样的想法，但后来妈妈发现有个弟弟也还不错，好多事情都能一起分担，比一个人好处理多了……"

当我们接纳大宝的情绪，理解大宝的感受，也向大宝讲述自己的相同经历时，大宝会感受到原来爸爸妈妈还是爱我的，我有这样的想法并没有什么不对，他们也是这样过来的。这样，不仅可以增进亲子关系，还可以让大宝摆脱心理上的不安，进而更好地与弟弟妹妹之间建立良好情感。

要疯了，大宝忽然想做回小婴儿

5岁的皓皓是一个活泼开朗的小男孩，从3岁起，他就开始自己穿衣，自己吃饭，自己睡觉，自己上厕所……皓皓为自己的"能干"感到自豪，有时还会骄傲地和妈妈说："我是大孩子了，我要保护妈妈！"这令妈妈感到欣慰不已，于是将二胎提上了日程。一年后，顺利地生下一个女孩。

可自从有了妹妹之后，皓皓突然变得好像一个小婴儿。吃饭时，坐在饭桌面前却不动筷子，等着妈妈来喂，如果妈妈不喂他，他就不吃；他原本已经能和大人进行简单交流，但现在每天学妹妹一样咿咿呀呀地说话；当妈妈给妹妹喂奶时，他会冷不丁地把奶瓶夺过去自己喝；等等。他不再自己穿衣服，不再自己睡觉，连上厕所也不会了，甚至还会出现尿裤子的行为。放学回家的时候，明明还没走几步路，他就赖在地上哭喊着："妈妈，抱抱我吧，好累，我走不动了！"

"你已经是大孩子了，怎么越长越小了，像妹妹一样？"

偶尔被妈妈训斥几句，皓皓就哭得满脸皱巴巴的："我就知道，你们都喜欢妹妹，不喜欢我！"

一个好好的孩子，怎么突然变得这么娇气呢？皓皓妈妈百思不得其解。

生了二胎以后，我们会发现大宝有时会"越长越小"，做出一些类似小婴儿的奇怪行为。

这个问题看似费解，其实我们只要研究下大宝的心态就能明白了。

每个人都是喜欢自由的，孩子更是如此。就拿吃饭来说，每个孩子都喜欢挑选自己喜欢吃的东西。婴儿奶粉一般比较清淡，甚至毫无味道，一般人都不喜欢喝。而大宝之所以抢着喝，不过是看到二宝出生以后，占用了父母大量的时间，就会猜测原来做一个小婴儿可以得到父母这么多的爱与关注，那自己也就做出这样的行为，希望父母能够像过去一样关心自己，爱护自己。

也就是说，在弟弟妹妹到来之前，大宝原本独享父母的爱，而现在弟弟妹妹却分走了父母的爱。大宝正试图通过这种"退步"方式，引起父母的关注，用一句时髦的话来说，就是"求安慰"。如此看来，行为本身并不重要，真正重要的是通过这些行为能得到什么，这才是孩子真正关心的问题。

如果父母不了解这样的事实，只是生气地训斥大宝不懂事，责怪他故意捣乱，甚至惩罚的话，这会使大宝觉得自己之前的担忧变成了现实，觉得在父母的心目中，自己真的不如弟弟妹妹；或者因为弟弟妹妹，才使自己得不到父母的重视，那就会让他更失望，势必会影响他对二宝的接纳度。

那么面对忽然变回小婴儿的大宝，父母应该怎么办呢？

当大宝出现"退步"行为时，父母需要反思一下，是不是这段时间忽略了大宝，给了二宝过多的关注和爱。二宝虽然需要精心的照顾，但是妈妈也要适当将有限的精力和时间分配给大宝。如果妈妈太累，爸爸也可以跟大宝一起做很多事情，比如去公园、看电影等，要让他知道不是只有二宝才会得到关注。

如果两个宝贝同时哭闹，先管大宝，还是先管二宝？这是一个令许多父母为难的问题。我们的意见是，二宝多数是生理需要，而大宝的情感需要更多，因此可以先把二宝交给别人来抱，尽量应对大宝。当爸爸妈妈先来照顾自己时，大宝会意识到爸爸妈妈的爱，觉得有安全感，如此反常举动也就消退了。

对大宝进行训斥固然不对，但一味纵容也不是长久之计，最重要的是改正大宝错误的行为。为此，你可以用一些幽默的话来提醒他："你是在玩扮演二宝的游戏吗？""你是不是想变回一个婴儿，像妹妹那样满地爬？"……当父母对大宝的"退步"行为表示理解，并从内心里真正体谅他的时候，他自然会意识到自己的幼稚，并觉得这样做并不怎么舒服，然后自觉停止那些错误行为。

有时，父母不妨夸张地说说做大孩子的好处："只有大孩子才能玩这个游戏，你弟弟不行，因为他还不会走路。""只有大孩子才能吃蛋糕，二宝没有牙，什么都不能吃！""我们还是像从前一样爱你，只是因为你长大了，比弟弟/妹妹更懂事，更能干，我们才更信任你，所以父母选择放手，而弟弟/妹妹还小，还不懂事，能力也小，所以需要父母更多的照顾。"等等。

让大宝意识到，做大孩子有这么多好处、这么多乐趣，那他就不会允许自己再"退步"，而是想办法让自己不断地"进步"了。当他有了"进步"的愿望之后，他就会越来越进步，越来越优秀。

就算有了二宝，"老大"的地位也不能动摇

"自从有了妹妹之后，我的幸福生活就结束了。"7岁的盼盼说出这句话之前，在家里刚挨了爸爸一顿骂。

几天前，盼盼的妹妹刚满1岁。这天，两个孩子和爸爸一起玩骑马游戏，妹妹怎么也爬不到"马背"上去，盼盼想帮助妹妹，便用力抱着妹妹往爸爸的后背上放。但毕竟他也是一个孩子，结果，没放好，妹妹的头撞到了爸爸的头上，"哇哇"地大哭起来。爸爸心疼二宝，当下冒了火："妹妹还那么小，你做事太冒失了，放的时候就不能轻一点。"盼盼万般委屈，默默地离开，默默地哭着。

"不止如此，自从有了妹妹之后，我甚至不能在家里玩玩具，连大声说话都不行！"

由于刚出生的婴儿容易受到惊吓，所以自从妹妹出生之后，父母就嘱咐盼盼不能再像以前那样随心所欲地玩游戏，也不能大声说话。盼盼毕竟还是一个孩子，还是喜欢玩，所以家里经常会发出各种各样的响声，结果几乎每天都会被骂："不要吓着妹妹，快出去！""没看到妹妹在哭吗？现在忙都忙不过来，你自己到一边玩儿去。"……看见妈妈这么"凶"，盼盼失落地走出房门……

渐渐地，盼盼有了自己的想法，经常望着父母想："我到底是不是他们亲生的

呢？他们为什么这样对待我？我有哪一点比不上妹妹？"

盼盼的经历并不是个例，许多大宝反映，自从爸爸妈妈生了二胎后，自己的生活越来越难过了。网上有一个段子，说得十分形象：

弟弟、妹妹没来之前，我就是家里的老大！

想吃什么，买！买！！买！！！

每天遛遛狗，喂喂猫，日子过得那叫一个逍遥快活！

然而，弟弟妹妹突然造访，作威作福的日子到头了。

房间被占了，玩具被占了，妈妈被占了……

弟弟妹妹饿了，我给他们炖小鸡；

吃饱了，喝足了，我主动去刷碗；

洗了澡，不仅要洗自己的衣服，还要洗弟弟妹妹的。

不说了，说多了都是泪，我还得给老二喂奶呢！

这个段子虽然听起来诙谐，却反映出一个事实，没有二胎之前，大宝一直是我们的心头肉，也许这样说有点夸张，不过为人父母，都舍不得自己宝贝受一丁点委屈。但因为二宝的到来，不少父母会将注意力集中在二宝身上，因无暇顾及他人他事而忽视了对大宝的关注，甚至要求大宝不得不成长。一个人手忙脚乱时，有时大宝在旁边吵吵闹闹，便对他一通吼骂。对于年纪较小的孩子来说，这极易给他们脆弱的心灵造成创伤，将父母不再爱自己的责任推到弟弟妹妹身上。

所以，就算有了二宝，"老大"的地位也不能动摇。

不要忽视了大宝的需求

生完二胎之后，尽管相对来说，二宝是弱者，需要更多的呵护，但父母也要尽量不要让大宝觉得自己受到冷落，因为他也还是个宝宝，仍然需要大人更多的关爱。除了平时抽时间多陪陪大宝外，要鼓励孩子说出自己的想法，并认同他："真好，你说的，我都听到了。""喔，原来你是这么想的。"……这样，孩子便会感受到被信任与被爱，内心的脆弱就会被父母的温柔与力量承接。

给二宝买物品，别忘了给大宝来一份

二宝驾到，是一件开心美好的事，别忘了，这个美好也应该让大宝感受到！比较简单的一个方法是：二宝到来前，我们往往会购置很多物品，这时候不要只让大宝看着，也要适当地给大宝买一些物品，要让大宝感知到，二宝不会夺走他身边的任何东西，只会让他的世界更加丰富多彩。

尽量不要当着大宝夸奖二宝

"二宝今天好乖啊。""二宝真是一个懂事的孩子。""我们家二宝真贴心。"有些父母经常对人夸奖二宝的长处，这些话最好不要当着大宝的面说，因为父母夸奖二宝的任何话，在大宝听来都像是在贬低他。即便夸奖二宝时，也不要忘了表扬一下大宝；当大宝感觉失落时，要记得给他加油打气，并鼓励二宝一起。

让大宝延续以前的生活习惯

二宝的到来已经给大宝的生活带来很大变化，所以在其他方面，尽量让大宝的生活保持原样，不要急着让他自己上厕所、学着用杯子喝水或者上幼儿园。尤其是上学的孩子，千万注意不要影响他的学习。也就是说，让大宝有一个循序渐进的适应过程，而不是感觉有了二宝之后生活就乱了套。

看到这里，有些父母不免担心，我们如此关怀大宝，会不会宠坏了他，会不会使他根本不懂爱二宝？请放心，只要父母对大宝充满爱，大宝在感受爱的同时一定会将爱传递给二宝。因为一个内心充满爱的孩子，是不会吝惜给予爱的。

精力再不够用，也别把大宝完全甩给老人

梓豪妈今年32岁，家有二宝，大宝梓豪刚过3周岁生日，没多久梓豪妈就给他添了个小妹妹。二胎后，梓豪妈开心得不得了，但没几天就开心不起来了，因为她一个人照顾二宝经常感到身心疲惫，也没多少精力照看活蹦乱跳的梓豪，就强行把梓豪送去爷爷奶奶家带。每次临走前，梓豪都哭得撕心裂肺："妈妈，我不要离开你们，我不要跟爷爷奶奶睡。妈妈，为什么不叫妹妹跟爷爷奶奶睡？"

在爷爷奶奶家，梓豪要么跟爷爷奶奶睡，要么睡自己的小房间。几个月后，梓豪妈发现梓豪变得越来越寡言少语，跟自己相处再也没有当初亲密了。再后来，梓豪爱上了看动画片，连饭都不好好吃，不看电视就不吃饭。爷爷奶奶溺爱孙子，每天开着电视，趁梓豪玩得高兴的时候，塞一口。就这样，梓豪有时饿坏了，有时又吃撑了，身体越来越差，动不动就需要上医院打吊针。

现在，梓豪妈悔得肠子都青了，直说："早知道就不生那么快了，太对不起我家大宝了。"

相信，生活中肯定还有不少二胎妈妈用类似的方法对待大宝，这真的很残忍啊！

研究发现，二孩家庭中，如果大宝被迫和妈妈分床、分房睡，甚至完全交给老

040

人带，那么他势必心里超级的不平衡，一定觉得爸爸妈妈因为生了弟弟妹妹才冷落自己，偏爱弟弟而不爱自己，孩子毕竟是最想跟爸爸妈妈待在一起的。这种环境下长大的孩子往往会变得缺乏安全感，性格中带有孤僻成分。

也许不少父母会说这是一种无奈之选，二宝晚上睡觉难免哭闹，会影响大宝休息；白天大宝玩耍又会吵醒二宝，二宝也没法好好睡觉。两个孩子都休息不好，不仅会影响智力发育，对其身体抵抗力也是一种变相摧残，孩子抵抗力变弱，病毒便更容易入侵。而且，两个孩子互相传染，生病的机会又会增大。

这些都是不可否认的事实，但精力再不够用，也不能把大宝完全甩给老人。既然家里有两个孩子，就应该让他们接受并适应这种拥有兄弟姐妹的生活。如果二宝夜里哭闹，可以告诉大宝，弟弟妹妹还小，夜里需要照顾，他小时候也是这样过来的，大宝一开始可能会不适应，但过几天就会调整过来。而且，虽然大宝说话、玩耍时，二宝有时会被吵醒，但他慢慢就知道白天是活动的时候，晚上是睡觉的时候，特别容易形成生物节奏，可见二宝被大宝吵醒其实并不是什么坏事。

不管是大宝还是二宝，都要互相接受对方的存在，互相适应拥有对方的生活，如此才容易形成手足情深的情感。虽然两个孩子有可能因互相传染而生病，但这也是不能回避的现实。人都是不可能不生病的，免疫系统就是在生病当中逐渐成熟起来的，一定不要为此而刻意把两个孩子人为地分开。

把大宝完全甩给老人，最危险的一个后果是，亲子教育失败。通过梓豪的故事，我们看到了一个被隔代喂养宠坏了的孩子，在与爷爷奶奶生活期间，他与妈妈的感情变淡，而且慢慢形成了很多坏习惯，这就是典型的"孩子跟谁睡影响性格"的例子，在他成长过程中缺位的父母负有很大的责任。

在一档亲子节目中，我们看到这样一位年轻妈妈。

25岁生娃，正常当妈年纪，但她还把自己宠成宝宝，自女儿出生后，就将照顾女儿的事甩给奶奶，一连三年。为了节目的正常拍摄，奶奶需要暂时退场三天。退场前，奶奶准备好了一切吃穿用品，还再三交代各种事项。妈妈原本还埋怨母亲太过唠叨，对照顾女儿的事情一副胸有成竹的样子。

但事实呢？到了吃饭时间，这位妈妈给女儿煮辅食，结果直接煮糊了。妈妈想要和女儿玩互动游戏，女儿却只抱着玩具，自己和自己玩。女儿要拉屎，当妈的害怕得不行，太臭了，一手抱着女儿，一手捏着鼻子。孩子被她弄得不舒服，哭着喊着要奶奶。当妈的没哄好娃，也跟着哭了起来："你怎么这么不配合，你是不是不喜欢我。""我知道，你只认奶奶，你跟我一点也不亲。"……

废话！孩子三岁，你除了合体那十个月，几乎没有照顾过孩子，难怪她跟奶奶亲，难怪她跟玩具亲，也不跟你亲。

在孩子成长的初期，谁能给孩子最好的心理呵护？最能胜任这个工作的就是父母。很多人都觉得孩子小时候是不需要父母的，理由是孩子小，什么都不懂，谁带都一样。从纯喂养的角度来说，这个理由看上去有些道理。但是孩子不仅仅需要喂饱就行了，他们最需要的是心理需求。

你也许永远不知道，在一些时刻，孩子是那么渴望你的出现，渴望你的陪伴和拥抱。对于一个孩子最大的伤害，往往是在孩子最需要父母的时候，父母却看不见。而当将来某一天，父母感慨自己的亲生孩子竟然形同陌路时，内心最后悔的应该就是当年没有好好养大孩子，想要重来一次就好。

黛安伦·曼斯有一首著名的小诗：

如果我能再次养大我的孩子，
我会先建立自尊，再决定盖房子；
我会多用手指来画图，少用手指来指；
我会少教训多沟通；
我会少用眼睛看表，多用眼睛看世界；
我会跑到更多的原野看更多的星星……

可惜的是，孩子的成长只有一次，而且不能回转，更不能重来。所以，听过来人一句劝：要想孩子长大了心里有你，能自己带，尽量自己带。无论一胎，还是二胎，请尽量让孩子留在父母身边。工作再忙再累，不是你不带孩子的借口。精力再不够用，也不是你把大宝甩给老人的借口。

茨威格说过这样一句话："上帝给我们赠送的每一件礼物，都暗中标好了价格。"

孩子最简单，你付出多少，他就回应你多少。

如果大宝很叛逆，不妨多给点恰如其分的爱

自从二宝小懒出生后，懒懒妈除了照顾两个孩子，还要做家务，每天忙得焦头烂额，连喘气的时间都没有。懒懒快五岁了，懒懒妈心里想着，她长大了，这下该听话懂事一点了。可是，事情往往不是这么发展的……以前懒懒虽然有些淘气，但是可爱活泼，小朋友都愿意和她玩儿。可是现在懒懒好像变了个人一样，总是和父母闹别扭，爸爸妈妈说什么，她总是故意对着干。

这天，二宝小懒发烧哭闹不止，懒懒妈着急地哄着抱着，让懒懒自己吃饭、自己穿衣。谁知，懒懒不但不听话，反而在一旁开始捣蛋，一会儿用玩具往弟弟身上扔，一会儿又跑到弟弟床上蹦跳，惹得二宝哭得更厉害。懒懒妈忍不住在懒懒屁股上打了几下，懒懒不仅没哭，还开始揪弟弟的头发。

懒懒妈恼了，拎着懒懒塞进房间锁上了房门，把懒懒关在里面，懒懒竟然不哭也不闹，还在里面大声地唱起歌。

"这孩子怎么这么不听话，太叛逆了。"这让懒懒妈非常头疼。

二胎后，当你越忙，似乎大宝越"叛逆"，你注意到了吗？

面对这些故意"捣乱"的孩子，你会怎么做？

告诉你，最不理智的做法是，打骂孩子或者表现出厌烦。

大宝为什么这么"叛逆"？要想明白原因，你需要了解大宝行为背后的心理。

孩子想要引起注意

当二宝出生后，大宝故意捣乱的叛逆表现会比较频繁，故意缠着妈妈，故意弄哭弟弟妹妹，给妈妈制造麻烦，或者故意惹妈妈生气……从心理方面分析，他们其实是想要引起你的注意。即使是小动物，当家里多了个弟弟妹妹，它们都会感受到爸妈陪伴自己的时间少了，更何况一个孩子呢？大家的注意力都在二宝的身上，大宝会很不适应，他有可能会变得叛逆，做各种错事来吸引大人的注意力。

为了表达关怀和帮忙

由于智力水平未成熟、生活经验不足，年幼的孩子往往在表达关心时，可能做出不适宜的行为。比如他想亲一亲弟弟妹妹，可能整个人趴在宝宝身上亲；他们想拿玩具逗宝宝开心，没想到一不小心戳到了宝宝脸上；他们想用跳舞逗宝宝，可能不小心就会踩到宝宝……结果，他们看起来就不再可爱。

所以，当大宝出现叛逆行为时，千万不能冲动地打骂，你需要理解他们的行为，及时表达你的关注、传达对他们正面动机的认可，比如第一时间紧紧地拥抱他，给孩子一个明确的答案"虽然弟弟妹妹出生了，爸爸妈妈还会像从前一样爱你"，这样你将养育出一个有平和心态、阳光和宽容的老大。

如果你一言不合就指责或打骂，会给大宝内心传达一种负面的确认——爸妈不爱我了。后果是什么？孩子会觉得自己是个没人爱的孩子，跟父母的距离越来越远，甚至可能会激起孩子的伤害性行为，比如殴打、折磨二宝。最终的结果是，你可能会养出一个不自信、冷漠和敏感的孩子。

当大宝出现叛逆行为时，一定要有耐心地讲道理。很多妈妈抱怨，面对二胎宝宝的哭闹、哄睡，还有随之而来的一大堆家庭矛盾……把人的好脾气都磨得不像样了，还谈什么耐心？但无论什么事情，讲道理很重要，古人云，先礼后兵。跟他慢慢说，细细讲，如果他不听，那就说三遍。

比较有效的办法是，和大宝进行无障碍沟通，一起探讨一下他的行为。

"你有时候像一只温顺的小猫，有时候像一只带刺的小刺猬，扎得爸爸妈妈很疼。那么，你愿意做一只小猫还是一只刺猬呢？"

相信，大多数大宝都会选择做小猫。

这时候，你就可以引导着说："大多时候，你都像一只乖乖的小猫，但最近老拿刺扎人，让我猜猜看，你最近是不是心情不好？可以和妈妈谈一谈吗？"

这样的沟通可以让你们感觉到彼此的亲近，而不会让大宝感觉到因为自己的叛逆，爸爸妈妈不喜欢自己了。因为有二宝的存在，爸爸妈妈对自己疏远了。当大宝感受到父母对自己的重视和爱的时候，他自己就会觉得不好意思。接下来，你们很可能度过一段愉快的时光，迎来一个乖巧的大宝。

如果孩子仍旧叛逆，我行我素，如果是比较严重的问题，那么可以适当地惩罚，让他在房间站立大概5到10分钟，这是一个孩子和大人的冷静期。等他平静下来，告诉他做得不对的地方，让他认识到自己的错误。如果孩子是因为被忽略而故意捣乱，那么告诉他，为什么忽略他，即便忽略也不代表不爱。

当孩子用不怎么适当的行为表达关心的时候，父母如果因不了解内情误解了孩子，甚至对孩子无情指责、大泼冷水等，那么一定要及时向孩子道歉。告诉他："爸爸妈妈刚刚误会你了，对不起。"接下来，要引导孩子如何表达爱意，比如轻轻地抚摸、随时随地拥抱、每天说一句"我爱你"等等。

给孩子留面子，尽量别在二宝面前批评大宝

在妈妈又一次批评自己时，洛洛气急败坏地大声吼道："是，我做什么都是错的，我就是一个笨孩子。这下您满意了吧！"

洛洛妈一下子呆住了，虽然洛洛平时有些顽皮，时常犯些小错误，但是还算乖巧懂事，还从来没有这么大的脾气。为什么现在会如此呢？洛洛妈不知道的是，这一切都源自她时常当着弟弟的面批评、指责洛洛，伤害了洛洛的自尊心，刺激了孩子的逆叛情绪。

这天，洛洛和弟弟一起在家玩游戏，一会儿弟弟想喝水，洛洛便拿着杯子喂弟弟喝水，结果不小心杯子歪了，导致地板湿了一大片。洛洛见此情况，立即喊来妈妈。妈妈赶紧拿出纸巾擦地板，一边擦还一边说："你这孩子，你看你做的好事。你怎么这么笨，喝个水都能闯祸！"一旁的弟弟也跟着起哄："哥哥，笨笨。"

洛洛低着头不说话，脸红红的，他觉得真没面子。

洛洛妈并没有发觉，开始哄弟弟："对，哥哥笨，你可不要学哥哥。"

可妈妈还没说完，洛洛的情绪就发作了，这才出现了前面和妈妈大声顶嘴的情况。

洛洛和妈妈大声顶嘴，看似没有礼貌，但却情有可原。任何人在当众受到批评

和指责之后，都不会心平气和，因为我们的自尊心受到了极大的伤害，更别说是一个年幼的孩子，何况这指责和打击还来自自己的妈妈，而且还是当着比自己年幼的弟弟。也许在心里，他会这么想："在弟弟面前我一点尊严也没有，那我还好意思和弟弟说话、玩耍吗？不，我要把自己藏起来！谁都别来打扰我！"

这些习惯当着二宝批评大宝的父母，通常认为自己的做法是正确的。在他们的观念中，大宝必须是二宝的好榜样，给二宝起很好的示范作用，所以平时不允许大宝犯错，一旦犯错就会横加指责。而且，他们自认为这样做完全是为了大宝好，希望大宝好好表现，不再犯同样的错误。可是，你们有没有想过，在弟弟妹妹面前被训斥，甚至被父母批评得一无是处的孩子，内心的感受是怎样的呢？

其实，作为哥哥或姐姐，大宝总以为自己比弟弟妹妹优秀，如果父母当着弟弟妹妹的面批评或是训斥自己，他们就会觉得在弟弟妹妹面前抬不起头来，就会觉得父母的这种否定、指责和打击严重地伤害了自己，是对自己极大的不尊重，接下来就会表现出强烈的逆反情绪，甚至将怨恨转嫁到弟弟妹妹身上。

其实，洛洛最想说的话应该是："妈妈，请不要在弟弟面前批评指责我！我的内心真的很受伤害！虽然我是小孩子，但是我也有自尊心，我也有面子！"

小孩难免会有做错事情的时候，爸爸妈妈有必要进行批评教育，但是批评教育大宝时，尽量不要当着二宝的面，以免影响大宝在二宝面前的示范作用，会让二宝更加为所欲为，甚至欺负自己的哥哥或姐姐，或者揭短嘲笑对方，而影响大宝以后的性格发展，如此更会深深地伤害彼此的感情。

那些习惯在二宝面前批评大宝的父母，不妨这么想一想：如果领导当着自己下属的面批评你，对你百般挑剔，指责你这儿做得不好，那儿做得不对，你会有何感想？是不是觉得脸上火辣辣的？设身处地地想一番，你就能够明白，当着弟弟妹妹的面批评和训斥大宝，对大宝的伤害有多大！

在大宝犯了错误又不涉及旁人的时候，正确的处理方法应该是，尽可能选择一个比较安静的地方，给他制造一个弟弟妹妹不在场的机会进行单独批评。这样做，一是为了保护大宝的面子，同时也是维护自己的形象。

　　放学回到家后，柳柳告诉妈妈自己这次数学成绩考得很差。妈妈原本正在抱着二女儿看绘本，看着那份不及格的试卷，她心里怒气冲冲，按捺不住地想训斥柳柳一番。她突然意识到：如果现在当着妹妹的面把孩子骂一顿，她的心里会好受吗？想到这里，妈妈按捺住自己的情绪，叫柳柳和妹妹一起玩。柳柳抬起头，惊讶地看着妈妈。她以为脾气火暴的妈妈，会当场把自己狠揍一顿。

　　晚饭后，妈妈将二女儿交给爸爸，走到柳柳的身旁，拉起了她的手，说："孩子，走，和妈妈到小区散散步。"散步时，妈妈直言柳柳这次的考试成绩有些不理想，并叫她好好分析一下自己没考好的原因。柳柳感觉到，妈妈对自己的爱并没有因为妹妹的到来而减少，妈妈教训她，只是因为她真的考砸了，于是认认真真地分析了一番，如平时基础掌握得不够好，答题时有些粗心，漏了一个要点。

　　回到家，妈妈抱过二女儿，说道："姐姐，这次考试没考好，她很难过，不过她已经认识到自己哪里出了问题，下次考试一定会考好，我们一起给她加油，好不好？"很显然，这种鼓励支持的方式帮助柳柳重新建立了老大的权威。就这样，一场原本会"暴风骤雨"的批评，在安静的环境下结束了。

　　所以说，父母不要以为大宝是孩子就不要面子，就没有自尊心，而当着弟弟妹妹的面伤害孩子的心。即便孩子真的犯了错误，我们也应该讲究方式方法，切不可因为一时冲动而害了自己，伤了孩子！安静的环境，温和的氛围，这种状态下的批评教育，又怎会让孩子感到不满，受到伤害？

　　正如英国作家洛克所说："对儿童进行批评时，要在私下里执行；对儿童的赞扬，则应当着众人的面进行。儿童受到赞扬后，经过大家的一番传播，意义会很大，他会以之为骄傲和目标，并在以后的岁月里更加努力地去获得更大的赞扬；而当众宣布他的过失，会使他无地自容，会使他失望，因而父母制裁他的工具也就没有了。"

　　"训子勿在广众下"，这是所有父母必须牢记的教养原则。

引导大宝给二宝做点事，激发"老大"的责任感

在《爸爸去哪儿》第三季里，有一期作为父母的刘烨由于工作原因缺席，5岁的诺一便带着妹妹霓娜参加节目。5岁的孩子能在照顾好自己的同时照顾好更小的妹妹吗？许多人都心存质疑，但一期下来，诺一给观众完美地展现了一个哥哥的责任感。

哥哥身负照顾妹妹的责任，他很好地做到了：

妹妹第一次出镜，面对镜头有些害怕，诺一便让摄像叔叔暂时回避，并抱着妹妹安慰；

妹妹因想念爸爸妈妈哭泣，诺一明明自己也很无助害怕，但是为了安抚妹妹，将妹妹搂在怀里一边擦眼泪，一边轻声安慰："妹妹没事儿的，哥哥会保护你。"

吃饭的时候，诺一时时记得自己哥哥的身份，给妹妹洗小手、盛米饭，还给妹妹喂饭；

和其他小朋友玩耍时，也不忘时时刻刻牵着妹妹，恐怕妹妹有任何偏差；

……

这些暖心举动感动了诸多观众。

这时，有不少二胎父母感慨，同样是大宝，为什么别人家的孩子对弟弟妹妹这么好，而自己家的却那么不省心，死活不接受弟弟妹妹，更别提照顾弟弟妹妹了。

但是，你知道吗？孩子99%的问题，都是父母的原因。

当哥哥或姐姐对大宝来说是一个全新而陌生的角色，高明的妈妈会在生老二之前就未雨绸缪，和大宝灌输这样的观念："你马上就有一个妹妹了，你就变成强大的哥哥啦，可以保护她，不让别人欺负她！""虽然弟弟还什么都不会，但他肯定在下决心向你学习，你是老大，以后怎么教他就看你的了！"这些言语的感染力很强，不仅能让大宝意识到拥有弟弟妹妹的好处，还能勾起他作为哥哥姐姐的保护欲。一旦大宝的内心有了一种责任意识，后面才会为爸爸妈妈们分担"重任"，对弟弟妹妹关爱和照顾的情感，也会一天比一天多起来。

我们可以根据大宝的年龄和能力，分配大宝照顾二宝的任务，比如拿玩具逗引宝宝、帮忙清洗整理玩具、协助给弟弟妹妹洗澡、换尿布等。总之，在条件允许的情况下，想方设法让大宝积极参与到照顾弟弟妹妹的活动中来。

参与感是一件很重要的事，既能培养关爱之心，还能激发责任之心。让大宝多多参与到照顾二宝的活动中来，会使他意识到弟弟妹妹比他更弱小，更需要大人的照顾。而在照顾弟弟妹妹的过程中，他会觉得爸爸妈妈很拿自己当回事，于是当大哥或大姐的自豪感油然而生。接下来，你会惊喜地发现，他们不会再那么计较你关怀二宝，会特别认真地完成任务，而且对二宝倍加关爱。

期间，我们要让大宝体验到照顾二宝的成就感，这种成就感是激励大宝去关爱二宝的有力武器。当大宝帮忙照顾二宝时，要及时赞扬说"你真是个好哥哥/好姐姐""有你帮忙，妈妈感到幸福极了"，或者给予小小的奖励，比如给大宝准备喜欢的礼物，这样他会感受到父母对自己的爱没有变，而且感到自信和满足，陶醉于"大哥哥""大姐姐"的角色，愉悦地接纳并照顾弟弟妹妹。

再回到开头，诺一为什么能成长为一个负责的好哥哥？对此，刘烨曾透露说，秘诀就是鼓励诺一要当保护妹妹的"大哥大"，激发他的责任感。

现实中也有不少父母已经做得很好，比如畅畅妈。

畅畅妈有两个女儿，大女儿畅畅8岁，小女儿舒舒2岁，小姐妹感情非常好。当旁人问及原因时，畅畅妈总会提到"责任感"一词。

"有了舒舒之后，我经常会尝试请畅畅帮忙。只要是跟舒舒有关的事情，我都会问畅畅要不要一起来帮忙。比如，给舒舒洗澡的时候，我会让畅畅帮忙递毛巾，舒舒吐奶时会让她跑去拿小毛巾，换尿布的时候又会请她帮忙拿纸尿裤或湿纸巾之类的东西。"畅畅妈说道，"这看起来对畅畅有些不公平，毕竟她也还是一个需要照顾的孩子，但这种方法却可以培养她的责任感。渐渐地，畅畅开始愿意主动照顾妹妹，做一些力所能及的事情。每一次当她这样做的时候，就会获得我们的称赞。"

"现在畅畅每天放学回家，对妹妹总是又搂又抱，一开始还是粗手笨脚，现在已是得心应手了。只要舒舒一哭，她就很有使命感地跑去拍拍妹妹，'姐姐来了，你不要哭嘛。'还大方地把自己的玩具放在妹妹的床头。对畅畅来说，认识到自己比妹妹大又能协助爸妈真的是很有成就感。现在家中来客人时，她很愿意向客人主动介绍妹妹学会了什么新本领，并时常和我说，希望妹妹快点长大，以后和妹妹一起玩游戏，带妹妹一起骑车，一起吃冰激凌，等等，这样的生活也让我们很期待。"

瞧瞧，从抵触感到责任感，大宝心理的转变就取决于你！

不过，这种照顾一定要适可而止，我们的重点是让大宝体验到责任、乐趣，而非负担。

第三章

偏心！对他就是比对我好！
两宝争风吃醋：多多安抚，学会平衡孩子心中
的嫉妒感

二孩家庭，手足之争是在所难免的事情，原本无甚大碍。而真正让手足之间产生恶性竞争、强烈嫉妒感的，其实是父母，是父母不恰当的态度和方式。

你怎么对大宝，大宝就怎么对二宝

刘蓓的脾气很暴躁，而儿子阳阳淘气十足，每天都把家里弄得天翻地覆：玩具散落一地，画笔、画纸摊满了桌子，床上也堆着他的各种小玩意。每当看到屋内一片狼藉时，刘蓓心中的怒火就会被点燃："跟你说过多少次了，从哪儿拿来的东西玩完了还放回哪儿去。你就是不长记性，你不收，看我把它们全扔掉！"

自从刘蓓诞下女儿晴晴后，她惊讶地发现，已经做了哥哥的阳阳，面对同样淘气的妹妹，居然也有了点小父母的样子，经常有板有眼地"教育"妹妹。至于"教育方式"，则完全模仿了自己，从话语到语气，连神情都是惊人地相似。一阵急风暴雨般的叫嚷，接着是把妹妹最心爱的玩具扔掉。

很神奇，是不是？

都说孩子是父母的复印件，那么，你有没有想过为什么会这样？

其实，这涉及了"镜像神经元"这种特性。这种特性就像照镜子一样，看到别人在干什么，可以想都不用想，就能执行同样的动作：看到别人在吃东西，自己的口水就来了；看到别人出汗，自己也就会觉得热……

举个例子，当我们对宝宝反复吐舌头的时候，宝宝会被镜像神经元支配，注视着你的脸，然后也开始慢慢吐舌头。如果妈妈常常对自己的孩子微笑，那这个孩子也会非常爱笑。如果妈妈总是愁眉苦脸，那么养出来的孩子也会同样情绪消极，这一切的发生就像照镜子一样。

当家中有两个甚至更多的孩子时，这种"镜面反射"就更加复杂生动了。

吃饭时，大宝不小心摔坏了一个碗碟，如果妈妈不由分说地一顿怒骂。当二宝不慎"招惹"了大宝的时候，可以想象，大宝会是怎样的反应。大宝也会非常生气，完全不顾二宝感受，然后像妈妈对待自己一样一通吼叫。许多父母经常抱怨大宝爱打二宝，有一种可能就是，孩子反射了大人的行为。

"镜像神经元"的原理告诉我们：比起听到的，孩子们更愿意接受他们所看到的。你怎样对大宝，大宝就怎样对二宝。

那么，当大宝对二宝不友好时，我们究竟该怎么办呢？

要想大宝爱二宝，首先好好爱大宝

要想大宝爱二宝，首先好好爱大宝，这是对"镜像神经元"的反利用。

即便有了二宝，父母也不能减少对大宝的爱，而要多抽出时间来陪伴大宝，欣赏大宝的点滴进步，鼓励他去创造、去探索。更重要的是，时刻关心大宝所处的状态，注意收取大宝发出的需求信号，并能正确地理解，做出及时恰当的反应，大宝就会发展出对父母的信任和亲近感。换句话说，父母善于觉察大宝需要什么并做出回应，大宝感受到的爱更多，将来也会懂得如何去爱二宝。

好好爱大宝吧，被爱喂饱的孩子，才会有爱。

父母要学会必要的正面管教

不少父母认为孩子年龄小、不懂事，在教育孩子的时候，习惯采用责备、谩骂的强硬方式。殊不知，再小的孩子也有尊严，需要被尊重和鼓励。因此，当一个孩子做出不当行为时，其实是他感受不到归属或自我价值的一种表达。基于此，父母要学会必要的正面管教，鼓励孩子，尊重孩子，理解孩子行为背后的逻辑。

比如，面对一个调皮叛逆、爱搞破坏的孩子，与其打骂怒吼孩子，不如平和地跟他沟通，一起商量解决问题的办法。在"镜像神经元"的影响和控制下，这个孩子也会学会这种处事方法，日后当他成了哥哥或姐姐，在面对一个比自己更小的淘气包时，也会懂得克制自己的脾气，专注于解决问题。

这里有一个成功的教育案例，非常值得借鉴。

"弟弟，你快下来！"

"不，我要果汁！"四岁的佑佑自己站在椅子上打开冰箱的门，倔强地叫唤。

"不行，先把晚饭吃完。"姐姐苗苗表示反对。

佑佑觉得全世界都在和自己作对，嘴里吵着叫着不停歇。

僵持了一会儿，苗苗放话说："你先下来，我可以给你拿酸奶。"

"真的吗？"佑佑止住了语无伦次的叫唤。

苗苗把刚才的话重复了一遍，佑佑从椅子上下来，巴巴地走到姐姐面前："我现在就要。"

"你能好好跟我说话吗？"苗苗微笑着问道。

佑佑一字一顿地说："姐姐，请你帮我拿酸奶，好吗？"

"很好，我这就去拿。"苗苗满意地点头。

看到这里，妈妈欣慰地笑了。往常的一幕，仿佛就发生在眼前。

苗苗搭着椅子高高地站在冰箱门口，小胖脸倔强又气愤："我不下去，我要喝果汁。"

妈妈放下手里的事情，深呼吸，以尽量平静的语气说："你先平静一下，好好跟我说，也许我能帮你。"

苗苗抽泣着说："妈妈，我要喝果汁。"

"好的，我知道了。可是现在喝果汁有点不合适，要不我给你做个南瓜派。"

苗苗犹豫了一下，觉得主意不错："妈妈，你赶紧给我做！"

"你应该怎么对妈妈说话？"

苗苗一字一顿地："妈妈，请帮我做一个南瓜派。"

"很好，我这就去做。"

显然，苗苗对佑佑的行为正是"镜面反射"了妈妈对自己的做法，这是一种一对一的正面射正，有助于大宝形成良好的行为模式，并最终促进大宝和二宝的友好相处。

别怕争宠，他们只是想赢得更多关注

晓红家有两个孩子，大宝上小学一年级，二宝读幼儿园中班，两个孩子每天不停地上演着大大小小的"战争"。二宝拿一个玩具，大宝必会跑过去争抢，哪怕是一个再普通不过的气球。大宝看电视，二宝要换台，大宝把遥控器抢在手中，二宝就干脆关掉电视。有时候，两个孩子还会从嘴上的争吵发展到动手，二宝踢大宝一脚，大宝则趁父母不注意使劲拧二宝胳膊，二宝哭着找妈妈……

大宝和二宝为什么总有吵不完的架？这是二孩家庭避无可避的问题。

通常，我们总认为手足之间，血浓于水，打断骨头连着筋，他们会本能地彼此相爱、互相帮助。但是事实正好相反，两个或是两个以上孩子之间必然会有争吵打闹，而且这种概率比旁人要多得多。孩子是多么单纯的生命，但现在的手足之间都成了竞争关系，这究竟是怎么回事？

细想不难理解，由于时间、精力、环境等因素的制约，父母的爱和关心是一种非常有限的"资源"。每个孩子都想成为父母的最爱，为了能从父母有限的爱和关心之中获得更大的份额，孩子之间就会暗暗在心里较劲，形成一种激烈的竞争关系，怎么表现才能获得父母更多的关注和爱。

这，就是同胞竞争。

作为父母，我们都希望两个孩子可以相亲相爱，可是我们也要明白，手足相亲不是天生的，父母的教育和引导至关重要。那么，家有二宝的父母，该如何面对孩子的争宠呢？

给予孩子看得见的关爱

孩子为什么会争宠？就是希望获得父母更多的关注和爱。当两个孩子出现争宠行为时，作为父母，首先要反思一下，自己对孩子爱的表达方式是否妥当，能否让他感受到呢？不管大宝，还是二宝，孩子都喜欢被宠爱，渴望一种看得见的关爱，那么不妨明确告诉孩子你们的爱。例如，时常和孩子说"我爱你""我为你骄傲"，温柔地亲亲他们的脸、摸摸他的手，或者给他们一个大大的拥抱。

平衡协调好孩子的关系

引发孩子争宠的问题很多，其中最普遍的就是父母的时间分配不均。两个孩子的个性不同、年龄不同，父母对待的时候难免有所差异，特别是相对弱小的孩子，父母往往给予的关心和照顾更多，而冷落了另一个。日积月累下来，就会让孩子心理内化产生焦虑、失落感，并不断通过争宠来平衡。

作为父母，我们随时随地要站在孩子的角度思考问题，要明白孩子们争宠的表现说明他们不希望被忽略、被冷落。作为父母，即便平时再忙碌，也要尽量给予两个孩子同等的爱，同等的陪伴和照顾，同等教育的权利。给孩子分配玩具、食物和一些日常用品时，一定要一碗水端平，尽量平等地对待两个孩子。

比如，如果是两个孩子都需要的东西，尽量买两份；不一样的需求，也要等比地满足。给大宝买一件新衣服，就给二宝买一个新玩具，使孩子感到父母并没有偏心，父母给自己的爱和关注和兄弟姐妹都是一样的，这样能有效平衡和协调好孩子的关系，进而减少两个孩子之间的"争宠"行为。

注重培养孩子之间的感情

真正的爱就是不计较，大宝和二宝之间也是一样，两个孩子如果感情深厚，就不会过于计较谁比谁得到的更多。所以，最主要的是，父母要注重培养孩子之间的感情。平时多抽空带孩子去踏青，赏花花，或者周末去郊游，让两个孩子有更多相处的时间，让孩子们互相爱着对方，就不会出现所谓的争宠。

　　总之，两个孩子之间的"争宠"行为，究根结底是为了争取父母更多的关爱。要想让她们相亲相爱地长大，父母首先要给予两个孩子平等的爱才行。

注意点！别总拿两个孩子做比较

自从有了二宝后，苏芒就有了新的烦恼：

"二宝刚出生的那几天，大宝对妹妹表现得很兴奋，整天趴在妹妹的床边，对着妹妹说，'我的妹妹好可爱啊！''我好喜欢她啊！'但没多久，他就完全换了个样，脾气也越来越大，一不如意就开始哭闹、扔东西，就差打滚了，更多次说把妹妹抱大马路上扔了。明明很喜欢妹妹的大宝，为什么完全变了一个样？"

但周围的亲戚朋友都知道大宝之所以"变脸"，和苏芒平时的行为有关。

以前苏芒是很爱大宝的，虽然他做什么都比较慢一点，但苏芒还是觉得他是世界上最好的宝宝。但自从女儿出生之后，苏芒发现女儿特别讨人喜欢，因为她学走路、说话都很快，而且安静，不淘气。而大宝现在5岁了，不但调皮捣蛋，而且整天就知道乱跑，傻玩，这让苏芒看着又心疼又生气。为此，经常斥责大宝不听话，而且拿二宝和大宝相比较："你和妹妹都是我生的，怎么你就这么笨呢？""妹妹都吃不到身上去，你都这么大了还吃到身上去了，你还没妹妹让我省心。"……

而大宝只要一听到妈妈说妹妹比自己聪明，比自己听话，那准是眼泪乱飞、哭声不停，后来变得越来越叛逆。

你是不是也像这位妈妈一样，有了两个孩子之后，就会不由自主地将他们进行比较呢？比如，看谁更早学会说话，更快学会走路，看谁的性格更像你，谁最听你的话。

"弟弟的眼睛比姐姐大，还是弟弟可爱。"

"二宝四个月长牙了，大宝六个月才长牙。"

"你看弟弟都能帮妈妈做事了，你怎么还这么不懂事？"

"姐姐成绩门门优异，钢琴、画画样样精通，你怎么就这么没出息！"

……

这样的话是不是很耳熟？

相信，你之所以这样做并没有偏心谁的意思，毕竟都是自己身上掉下来的肉，怎么会偏心呢？谁都希望自己的孩子个个出类拔萃，天下父母都是这样的，但将两个孩子进行比较，一味地说一个孩子的好，指责另一个孩子的不好，在被批评的孩子看来真是百分之一百的偏心，偏心到家了。

一个孩子明明好好的，为什么有了两个孩子的对比，就发现必有一个不乖了？其中，孩子本身并没有变，他一直都是那个他。是我们做父母的心态改变了，因为有了两个孩子之间的对比，我们觉得他不如另一个乖，以前愿意花心思去教育他，愿意去宽容他的缺点，现在却总在挑他的毛病。

虽然父母的本意是为了刺激孩子不断进步，但是孩子的心灵是脆弱的，在孩子看来，父母的比较是对自己的否定，是不爱自己的表现。一而再再而三地比来比去，孩子的自信心和自尊心也就被比没了，进而会陷入深深的自卑之中，甚至产生"破罐子破摔"的心理，变得越来越不听话，越来越难教，越来越不懂事，越来越不可理喻，也会破坏两个孩子之间的情谊，导致他们争风吃醋。

所以，千万不要在两个孩子间进行对比。

"比较"不可避免地使一个孩子觉得不如另一个，正如我们大人一样，没有哪一个孩子是完美的，也没有哪一个孩子是一无是处的。也就是说，每个孩子都有自己的优势和劣势，他们之间根本没有什么可比性。更何况，每个孩子其实都有很强的可塑性。他今天的优点，可能就是他今后的缺点；而今天的缺点，可能就是以后的优点。这些都是我们无法预见的，不能轻易下论断。

比如，大宝可能比二宝调皮捣蛋，但他将来可能更能够承受挫折，人际关系更和谐；二宝可能比大宝头脑聪明，学东西快，将来在学业上有所成就，但大宝可能更有毅力，也未尝不能厚积薄发。

每一朵花都有自己的芳香和属于自己的绽放，作为父母，我们最需要做的，就是让孩子知道，他们都是特别的、独一无二的，并且帮助孩子找到自己的优势，发挥自己的特长。对于孩子来说，没有谁愿意被别人说差，他们都希望得到别人的认可和赞扬，尤其是来自父母正面积极的评价。

当然了，也不是绝对不能将两个孩子进行比较，关键是看以什么样的心态去比较。

世界上没有两个一模一样的花朵，同样，也没有完全相同特性的孩子，即使出生在同一个家庭，也有可能一个内向，一个外向。一个话多，一个话少。如果你只是抱着分辨每个孩子的心态进行比较，这种比较会成为陪伴孩子成长路上的调味品。如果你把这种差异当成一种差距，并且因此给孩子定性或者对他们进行评价，借此来刺激孩子之间的竞争的话，那就必须要学会控制自己了。

如果一个孩子确实没有另一个孩子做得好，我们也不要总对两个孩子进行比较，最好的方式是直接就事论事，比如直接和弟弟说："等一下家里会来客人，你的玩具还堆在沙发那里，你是不是应该和姐姐一起把家里收拾整齐好招待客人呢？"直接提出自己的期望，往往比对比更有效。

最后要说，每个孩子都各有所长，也难免会有缺点，父母要允许孩子犯错，并及时加以纠正。即便有些孩子现在有些方面不如你愿，要相信，孩子的可塑性是很强的，不论什么样的缺点和不足，都是可以纠正过来的。不比较，多帮助，和孩子保持良好的亲子关系，那么他们之间一定能和睦相处。

恶性争宠，往往是父母偏心所致

　　远远是一个身强体壮的小男孩，但弟弟彭彭却体弱多病，因此父母将大部分注意力都放在了病弱的彭彭身上，给予了彭彭无微不至的照顾。

　　每次看到爸爸下班回到家时，远远都会笑得跟花儿一样，他期待着爸爸的拥抱。然而爸爸简单地拥抱一下远远后，就会径直走向彭彭的房间，给彭彭讲故事、按摩……此时的远远只能看着爸爸的背影，显得很无助和失落。

　　"爸爸对弟弟比对我好！"在这种不平等的爱中，远远培养起了讨好型人格，他极度渴望别人的爱和认可，所以他总是尽情展露自身优秀的一面，比如在家里抢着帮父母做点小活，处处表现得比彭彭更懂事。

　　而彭彭因为得到了父母更多的照顾，所以特别依赖父母，经常仗着父母的关爱，命令哥哥给自己做这做那。只要远远不服从自己，他就会露出一副楚楚可怜的委屈表情，和父母哭诉哥哥欺负自己。

　　一到晚上，兄弟两个更是争着跟妈妈一块睡，为此经常闹得鸡飞狗跳。

　　家有两个宝宝的父母大多会有这样的感受：一个孩子有点空，两个孩子闹翻天。

面对两宝的争风吃醋，不少父母往往会感到无奈又不知所措。殊不知，父母的行为和心态，皆会影响孩子之间的感情，错误做法甚至会演变成孩子争风吃醋的来源！——父母往往有意无意间就犯下偏心的教养错误，总会更宠爱某一个孩子。而孩子之间的恶性争宠，往往正是父母偏心所致。

作为父母，我们要反思一下，自己对孩子的爱是否妥当？

不要搞任何特殊化

无论对待大宝还是二宝，父母不要刻意地优待谁，应该怎么对待就怎么对待。特别是年龄相差不多的两个孩子，不要搞任何特殊化。

比如，有的父母生二胎后，会刻意地优待大宝。父母内心的潜台词是：大宝内心脆弱，有了二宝后，大宝的利益有损害。但一旦对大宝产生优待的行为，大宝内心就有个潜在假设："你特意这么做，是你亏欠我，所以你要对我好一点。"长期在这种心理暗示下，孩子会变得自私冷漠，不知感恩。

及时灌输正确的道理

家有两个孩子，为什么有的孩子会感到不公平，觉得父母忽略了自己？那是因为这之前是独生子女的缘故，很容易滋生出独生所具有的特点，即以自我为中心，凡事都得依着自己，全家要围着自己一人转，等等。

在这种情况下，父母要理解孩子的这种心态，并及时灌输正确的道理："二宝的到来，意味着我们增加了一名家庭成员。所有的家人都是相亲相爱的，我们也是一样。现在世界上除了爸爸妈妈爱你之外，又多了一个人爱你，这是好事。当然，我们希望你也可以把自己的爱给二宝一份。"

二宝与大宝之间是有着血缘关系的亲人，如此培养孩子的家庭亲情，有助于降低或消除孩子内心的不安和不公平感。

就事说理，不搞"双标"

"双标"，是指用不同的标尺衡量同一类型的事物。

有些父母认为，女儿未来要做贤妻良母，平时在家里要洗洗涮涮，孝敬父母端茶送饭。而儿子是负责传宗接代、养家糊口的，不但什么家务活都不用做，还可以坐享其成。那敏感的孩子一定会感觉得到，父母对两个孩子的爱的天平是不平的，如此他们之间的关系不再是单纯的爱的关系，而是互相伤害的关系。

有了二宝后，有些父母因为二宝相对小，有时候难免偏心二宝，觉得二宝应该格外受到关心。大宝做错了事要惩罚，二宝却可以无所谓。二宝小，被打了或者抢东西就该给他。年龄小多照顾是应该的，但以忽略大宝为代价，这就是真正的偏心了，对于父母这样的偏心眼，哪个孩子能忍受呢？

不管是无意识的偏心，还是有偏差的认知偏心，我们都应该就事论事，就事说理，不搞"双标"，这个道理非常适用。错了就是错了，犯了错误就要惩罚，谁也一样，这会营造出一种公平的感觉，是平衡大宝和二宝关系的最好方法！而且，这一过程会让孩子明白正确的道理和处事方式。

当然，现实生活并没有完全公平的处理方式，这时，你不一定要听孩子争辩，或是判定谁对谁错，即使你觉得再公平不过，总有一方会觉得你偏袒另外一方。所以，与其告诉孩子你是为了公平才这样做，倒不如说我爱你们才这样做，毕竟孩子之间的争宠常是看谁能获得父母多一点的疼爱。

手心手背都是肉，要平衡俩宝的爱并不容易，甚至父母会一直忙碌、烦心，甚至抓狂，但在正确的处理方式下，孩子们终能慢慢长大，并最终读懂公平和父母的爱。

孩子嫉妒心太强？是你不懂他的脆弱

在弟弟面前，6岁的妍妍俨然一派姐姐风范。无论自己多心爱的东西，也不管是吃的，还是玩的，都会大大方方地给弟弟。两个孩子欢天喜地，家中似有阳光融融，这让爸爸妈妈内心十分宽慰。

但是爸爸妈妈一旦对弟弟示好，比如拥抱，比如夸赞，妍妍的脸就会立刻黑屏。瞬间，温柔姐姐变身刁蛮公主，"你们对他好，我不喜欢你们了"，然后不由分说将弟弟手里的东西抢走，不再理睬弟弟。

一时间，大的怒，小的哭，家中仿佛寒冬将至。

更难办的是，弟弟也不喜欢爸爸妈妈抱姐姐，而且凡事都喜欢争过姐姐，两个人一起玩游戏，只要弟弟输了，他就会动手打姐姐。

"孩子们为什么这样？"爸爸妈妈对此感到愤怒，担心他们的品性因此变坏。

在计划二胎之前，每个父母都会在内心幻想大宝与二宝和睦相处的场景，但事实上，大宝不喜欢二宝的到来分散了爸爸妈妈对自己的爱，二宝也可能不满意爸爸妈妈对大宝的关注，两个孩子之间的嫉妒行为，经常让父母们感到头疼，常常给孩子贴上小气、自私的标签，并由此作为批评孩子的理由。

其实，孩子的嫉妒行为只是一种情绪反应，我们无须过于惊讶孩子出现的嫉妒心，也不必用嫉妒心评判孩子善良与否。

嫉妒，是人类与生俱来的一种品性，从理论上来说，是因为对别人拥有的东西或能力怀有"本应该属于我"的心理而产生的一种怨愤的情绪或行为。每个人都希望得到大家的关注，从孩子的角度看，家里存在着另外一个孩子，和自己一起分享父母的关注和爱，他产生嫉妒是再正常不过的事情。

尽管嫉妒是人类的天性，是一种正常现象，但我们也不能假装或忽略孩子之间的这种情绪，而要读懂孩子"嫉妒"背后的秘密，帮助他们正确地面对，积极地去应对，如此才能够帮助两个孩子快乐成长。

同情并理解孩子的嫉妒情绪

当我们看到两个孩子互相嫉妒时，首先要做的不是责骂孩子，这会伤害他们的情感。儿童的嫉妒是真实和自然的，这是孩子对自己愿望的本能心理反应，比如"我不再是爸妈最爱的孩子""爸爸更喜欢弟弟，对他比对我好"的担心和恐惧，所以父母需要做的是向孩子表示同情与理解，先让孩子冷静下来，通过问一些开放性问题，引导孩子道出事情原委，耐心去倾听，努力去理解。

"我真的可以理解，这件事让你感觉很难过。"

"我知道你害怕失去爱，可是我会一直在这陪着你、爱你，我会一如既往地照顾你，所以你可以放心。"

……

当你平心静气地和孩子谈心聊天，并表达同情和理解时，会很大程度上帮助他将心中的种种不良情绪释放出来，显然这会比压抑这种情绪好多了。

尽可能减少对另一个孩子的牺牲

当二宝到来时，大宝可能会失去许多权利，例如父母陪伴自己的时间会减少，大宝可能要少买一些玩具等。"因为你剥夺了我的东西，我才会嫉妒你。"当大宝将二宝视为"掠夺者"的时候，他就会仇视对方。所以，父母们要尽可能减少对另一个孩子的牺牲，如果特殊情况需要做出牺牲时，也不要用要求的语气，而是先征求孩子的同意，事后还要向孩子表示感激，给他多些关爱进行补偿。

让孩子相信自己是有价值的

每个孩子都有自己的特点，同时面对两个孩子的时候，父母说话要注意分寸，不要随意指责孩子的不是，平时要注意孩子身上的闪光点，及时地进行表扬和鼓励，让孩子相信自己是有价值的。当孩子确信得到了父母的厚爱和尊重的话，将缓解他担心失去爱的痛苦，减轻自己不如人的嫉妒情绪，而是倾向于接受自己应有的自我价值。这样孩子就能正视兄弟姐妹，从而平心静气地彼此相处。

鼓励孩子开阔胸襟，扩大视野

任何人都有长处和不足，不是表现在这方面，就是表现在那方面。哪个孩子都不可能拥有父母全部的关注，占据生活中所有的优势，所以，我们要鼓励孩子放宽心胸，坦然地面对现实，这样孩子的嫉妒心理就会渐渐减小，直至消失。

比如，引导孩子广交朋友，主动帮孩子承办一次party，邀请好朋友一起参加，让孩子更多、更充分地与集体在一起，接受友谊与集体意识的熏陶，潜移默化地了解在一个群体中不同的人拥有不同的能力，增强孩子的心理适应力，培养乐观、开朗、大度的品质，可抑制嫉妒的萌芽。

家庭越和谐，嫉妒爆发的可能性越小

楚楚和俏俏是一对双胞胎姐妹，来自一个普通工人家庭。

虽然兄弟姐妹之间的争吵难免，但这对姐妹的感情却非常好，几乎没有吵过架。她们每天一起玩耍，一起上学，一起学舞蹈，平时总是想着对方，有什么好吃的都会给对方留一份。如果其中一个人心情不好，另外一个人肯定会及时安慰。在舞蹈练习中，两人更是互相鼓励，互相帮助，互相提高。

在一场舞蹈比赛中，这对姐妹花凭借精湛的舞姿、自信的笑容，获得了无数人的喜爱。

"你们都非常优秀，而且看起来十分亲密，但我发现，姐姐比妹妹更高挑，妹妹比姐姐更漂亮。生活中，你们嫉妒过对方吗？"主持人问。

"没有！"姐妹两个异口同声地回答。

"为什么？"主持人追问。

妹妹说："爸爸爱妈妈，妈妈爱爸爸，爸爸妈妈爱我们，我们爱爸爸和妈妈。我很幸福，我永远不会嫉妒姐姐。"

姐姐说："爸爸说，我们本是天上飘下来的雪花，落在地上，化成了水，就再也分不开。我很幸福，我也永远不会嫉妒妹妹。"

070

什么是幸福？

也许每个父母都有不同的答案，比如让孩子住更宽敞的房子，让孩子受更高级的教育，照顾好孩子的生活起居，但这样就可以给孩子幸福人生吗？事实是，对于天底下所有的孩子而言，最大的幸福莫过于家庭和谐。家庭越和谐，兄弟姐妹之间嫉妒爆发的可能性越小，彼此之间的关系越融洽，越亲密。

现在的孩子吃穿不愁，什么都不缺，缺的就是家庭和谐的那种温馨。有些父母为了追求所谓的幸福，将更多的时间和精力放在工作和事业上，而忽略了跟孩子和爱人的互动和交流，家庭团圆几乎成了"奢侈品"，这也使得孩子们因为情感上的缺失，变得冷漠无情，变得烦躁、易怒、悲观等。

因此，父母一定要尽量为孩子创造一个其乐融融的家庭氛围。

父母相爱是给孩子最好的礼物

每个孩子都有一个内心世界，在这个世界里，爸爸是"天"，妈妈是"地"。作为父母，送给孩子最好的礼物，就是夫妻之间相亲相爱。即便已经有了两个孩子，依然应将夫妻关系放在第一位，无论多么忙碌都要拿出时间，经常进行思想交流，情感互动，互相理解，互相关心，互相尊重，并适当表现出抚摸、拥抱等亲密行为，这样孩子们内心才会无比地强大和自信，彼此也相亲相爱。

对孩子最好的爱，就是不吵架

孩子们最喜欢爸爸妈妈不吵架、不斗嘴、全家和睦相处。

在家庭生活中，会面临各种问题和困难，尤其是二孩家庭，面临的经济、教育等问题更多，此时不要消极对待或互相推诿，而要积极地寻找解决问题的办法，争取在最短的时间内化解、缓冲矛盾和纠纷，千万不要把吵架当成了"家常便饭"，不分青红皂白互相指责，这除了让孩子们恐惧之外，还会在潜移默化中，让孩子们学会这种不健康的处理人际关系的模式。

站在对方的立场考虑事情

俗话说"横看成岭侧成峰，远近高低各不同"，无论是夫妻关系、亲子关系还是双子关系，很多矛盾和冲突的出现是由于我们习惯站在自身的角度看待问题。这就需要多多换位思考，即站在对方的立场考虑事情，多从对方的角度设身处地地考虑，理解了对方，那么家庭里就会少很多不必要的矛盾。

何况，家不是一个讲理的地方，许多方面用道理是讲不清楚的，如家务的安排、子女的教育、家庭用品的选购……购买家庭汽车，妈妈喜欢时尚款，爸爸喜欢商务款，大宝喜欢白色，二宝喜欢黑色，到底选哪种颜色，有什么道理可言？只能是换位思考，相互妥协，这样的家庭能不和谐幸福吗？

二宝争宠，怎么做才能让两个孩子都满意

　　陈晓的两个女儿平常都喜欢缠着她，尤其是到了晚上，两个宝宝更是争着跟妈妈一块睡。为了表示自己的公平，陈晓便定下一个规则：每周一三五妹妹跟妈妈睡，二四六姐姐跟妈妈睡，周末两人一起跟着妈妈睡。姐妹俩觉得妈妈的这个规定比较合理，都没有提出什么异议，也算是默认了。

　　然而，到了周二晚上，妹妹却要赖，说什么也不走，还要跟妈妈一起睡。

　　姐姐一听，当时就气坏了："你昨晚已经跟妈妈睡了，今天该轮到我了！"

　　"我不，我就要和妈妈睡。"妹妹带着哭腔说道。

　　"你说话不算数。"姐姐一边说，一边将自己的衣物拿了进来。

　　"爸爸，姐姐欺负我。"妹妹朝着爸爸大哭起来。

　　爸爸不想让孩子们继续闹："让妹妹再睡一天。"

　　"气死我了，臭妹妹。"姐姐气呼呼地走了。

　　妹妹总算得逞了，高兴地钻到被窝里！

　　可以想象，此时此刻姐姐的内心该是多么崩溃！

　　两个孩子之所以相处不好，除了大宝有意和二宝争宠之外，还有一个重要原

因，那就是有些二宝比较争强好胜，不甘心当"二宝"，非要与"大宝"争个高低。如果再有父母护着，他们更会肆无忌惮："有爸爸妈妈撑腰，我还怕什么？"大的拿什么，小的都要，拿不到就拉开嗓子哭。

更糟糕的是，本来有了二宝之后，大宝最担心的就是爸爸妈妈只爱二宝，不爱自己了。如果父母总是不公平对待，他们更会证实：爸爸妈妈喜欢二宝，不喜欢自己！于是很多大宝就把二宝当成抢夺宠爱的"敌人"，故意跟弟弟妹妹对着干，那么，接下来两个孩子之间的争吵和打架也就成了家常便饭。

那么，如何改变二宝和大宝的争宠行为呢？

要想改变这种情况，我们首先要想清楚，二宝为什么一定要与大宝一争高下？

原因很简单，就像大宝会羡慕和嫉妒二宝得到父母更多的呵护一样，二宝也会羡慕和嫉妒大宝，担心大宝和自己分享父母的照顾和关爱，于是便会有意争宠。越小的孩子越是靠感知来理解身边的事，会敏感地用自己的方式来反映自己的敏感和不满，比如很多小孩喜欢用哭解决一切不如他意的事。

明白了这一点后，我们要学会合理安抚二宝。

不必刻意维护相对弱势的二宝

家里有两个孩子，争宠是常有的事。这时候，很多父母从来不考虑大宝的感受，哪怕老二胡作非为，也会习惯性地把所有做错的事全部推到大宝身上，有些父母还会用弟弟妹妹还不懂事的说辞来和稀泥，因为二宝年龄小就让二宝随便"欺负"或者"剥削"大宝。如此，只会导致二宝恃宠而骄。

所以，当孩子争宠的时候，父母不要上来就是维护相对弱势的二宝，可以先自己分析原因表示对二宝的理解，如"你为什么和哥哥抢夺玩具，你是不是也想玩？""你为什么不让哥哥吃零食，你是不是认为这些零食都是你自己的？"这样既可以缓解二宝的情绪，也可以引导二宝说出事情的真相。

了解事情的真相后，如果发现确实是二宝无理取闹，那么不妨告诉他，哭是没有用的，不能解决问题。"这个玩具其实是姐姐的，你要是真想玩，不能和姐姐硬抢，你先要征求姐姐的意见，好吗？"这是在告诉二宝，凡事都要讲道理，同时也让大宝知道，父母并没有偏袒任何一方。

适当引导二宝示爱大宝

为了减少两个孩子之间的争宠，我们不仅要教会大宝爱护二宝，也要适当引导二宝示爱大宝。身体上的拉手、拥抱、亲吻，友好地摸摸拍拍，一起游戏，分享玩具，这些都是爱的表达。如果两个孩子在3岁或以上，还可以有更多的语言表达，如："我喜欢哥哥姐姐。""我爱我的哥哥姐姐。"等等。

让大宝爱护二宝，二宝也示爱大宝，这样可以最大限度地减少他们之间的争宠行为。

当"老二"其实有很多好处

有些二宝之所以争宠，是羡慕大宝的位置，认为只要自己当上大宝，那就可以出尽风头了。此时，父母要让二宝明白当"老大"并没有想象的那么好。

虽然当"老大"可以出出风头，但吃的亏也不少，而当"老二"却有很多实惠的地方。比如，文章开头的案例，我们可以看出，妹妹虽然耍赖，却没有人认为她欺负了姐姐。反过来，如果姐姐耍赖，那就会被认定欺负妹妹而遭到批评了。这其实就是当"老大"和当"老二"最大的不同之处。

当父母把这个"秘密"告诉二宝之后，相信他一定会甘愿居于"老二"的位置。

此外，父母还要告诉二宝，虽然哥哥姐姐有时会欺负你，甚至对你很凶，但在关键的时候，哥哥姐姐还是会先想到你，还能保护你。当二宝意识到这一点之后，他的心里能不偷着乐吗？或许他还会为自己拥有这样一个哥哥姐姐而感到自豪，并因为得到哥哥姐姐的照顾而感到庆幸呢！

将不严重的争宠，转化为萌萌的竞争

佳彤是两个孩子的妈妈，大宝9岁，二宝5岁半，是人们比较认可的兄妹组合。面对两个一刻不得安静的孩子，面对忙不完的家务活，女人纵使有三头六臂，总有力不从心的时候，但佳彤似乎从没有这样的忧愁，看起来每天满面春光，直到有朋友去她家里吃过几次饭，才得知真正原因所在：

佳彤给朋友们下厨时，儿子就帮忙洗菜；

佳彤洗碗时，女儿就在旁边擦桌子；

儿子听妈妈吩咐，给阿姨们倒茶、切水果；

女儿则会负责玩具的整理；

……

"我们家有了二宝，每天都鸡飞狗跳。你是如何将两个孩子教育得这么好的？"有朋友问。

"两个宝贝多了许多劳累，也添了更多的欢乐和体验，两个小孩在朝夕相处中难免会竞争和争宠。我只不过是适当引入了一种竞争意识，将不严重的争宠，转化为萌萌的竞争。比如，他们现在经常你争我抢地帮着做家务，虽然干得不太好，两个孩子却很有成就感。"佳彤欣慰地说道。

如何将不严重的争宠，转化为萌萌的竞争？

一提到竞争，似乎就让人害怕。父母会担心孩子们因此不再互相友好，不会相亲相爱。但实际情况并非这样，在二孩家庭里，有点竞争其实并不坏。

获得足够多的价值感以及父母的关注，这是每个孩子都会有的天性之一，如果是在二孩的家庭，在每天回家后，孩子们更会在心里默默地观察父母更注意谁。即使我们对每一个孩子都会给予相同的爱，但父母的时间有限，经济能力有限，家庭资源有限，不可能无差别地分配给两个孩子。

有限的资源必然会导致竞争，这样胜利的一方就能获得更多资源，这是两个孩子争宠的根本所在。

在《儿童的人格教育》中，阿德勒提道："追求优越的天然冲动，是儿童自我发展的重要动力。"从这一角度来看，每个孩子都希望自己比别人强，利用这种争宠心理，适当引入一种竞争意识和模式，有利于激发两个孩子自我成长的内在动力，这也就是我们经常提到的"榜样的力量"。

这一点很好理解，一个家庭中，如果姐姐在某一方面表现得很优秀，那么妹妹很有可能期望自己像姐姐一样优秀，从而努力提高自己在这方面的能力。当两个孩子都努力想变得比对方更加优秀时，孩子的成长必然会更快。而且，在彼此竞争中成长的孩子，长大以后关系可能会更好，因为他们体会到了更丰富的情感。

要做到这一点并不容易，需要父母细致地引导，其中最关键的是，所有这一切都需要建立在良性竞争基础上。比如，竞争谁的成绩更好，谁看的书更多，谁拿回来的奖杯更多，谁考上的大学更好。在互相依靠，互相竞争，互相鼓励，互相扶持中，努力让自己变得更好，成为彼此生命中不可替代的存在。

适当选择作为竞争的项目

在某一方面，如果一个孩子比另一个孩子强，如姐姐比妹妹弹琴弹得好，那么不妨鼓励妹妹努力练习琴艺，和姐姐一样优秀。当然，要考虑孩子的年龄、实力和兴趣等，如果两个孩子之间的差距过大，或者二宝年龄过小。经过一段时间的努力跟不上，孩子就会丧失信心，竞争往往会半途而废。

一位哥哥读小学五年级，成绩经常考到90分以上，妹妹则是一年级的学生，作业错误比较多。如果让妹妹与成绩较好的哥哥比较作业的正确率，反而会遭受挫折。不如让妹妹和哥哥比较作业文面的正规性、作业态度的认真度、进步的幅度等。经过一段时间的竞争，妹妹取得一定的进步，尝试到了进步的乐趣，将大大增加自信心，树立不断进取、积极竞争的意识。

给孩子创造竞争的平台

给孩子创造竞争的平台，是每一个父母都应该去做的。

家庭作业得到一个"优"的孩子，每得到一个"优"就到妈妈那领一朵红花，一个月里看谁得到的红花最多，然后奖励一个想要的东西。那个如愿的孩子露出了开心的笑容，心里暗暗下决心下次作业一定要做得更好。而那个作业做得不好的孩子，暗暗下决心一定努力，争取下次得到奖品。

为了有效激发两个孩子，佳彤设置了一种"三好宝宝"的荣誉称号，爱劳动，学习好，品德好。为了体现兄妹平等、公平竞争，谁表现好就给谁当，每两个星期竞选一次，两个孩子都有成为"三好宝宝"的机会。这样孩子在竞争中就会懂得，机遇对于每个人都是平等的，但它只属于积极进取的人。

不必刻意营造竞争气氛

弟弟希望和哥哥一样强壮，妹妹希望和姐姐一样漂亮，这种"同胞竞争"是孩子身上的一种天性。所以作为父母，不需要刻意强调或营造大宝和二宝之间的竞争气氛，对孩子试图超过另一个孩子的想法，父母可以给予肯定，但不要给孩子太大压力，诸如"你一定要拿第一""你一定要赢姐姐"等，而应告诉孩子，只要你努力了，爸爸妈妈就会高兴，时刻对孩子充满信心即可。

竞争的输赢并不重要

在竞争中没有常胜将军，再厉害的人也不可能永远取胜，也可能会输。因此父母应该引导孩子不能只追求胜利的结果，甚至为了赢得胜利而处心积虑，而要学会面对成功不骄傲，面对失败不气馁，及时总结自己的经验，调整自己的心态，消除不必要的忧虑和自卑等情绪，才能争取下一次的成功。

如果孩子以将兄弟姐妹比下去、拽下来的心态来进行竞争的话是非常危险的，比如："我发现姐姐作业题做错了，但我不愿意提醒她。""今天，哥哥被妈妈批评了，我真高兴。"……如此一来，孩子是不会有什么发展的，只会变得更自私，更狭隘。因此，父母一定要及时加以引导，给孩子讲一些两强相争乃至最后惺惺相惜的故事来告诉孩子：兄弟姐妹之间只有良性的、公平的竞争才会让人感到快乐，而那些想方设法不择手段争取胜利的人，到头来收获的只有空虚和内疚。

总之，兄弟姐妹之间相互学习，取长补短，这才是真正的竞争。

第四章

你很讨厌，我不喜欢你！
双子冲突不断：修复孩子间的裂痕，耐心培养手足情感

　　两个孩子在一起，矛盾冲突少不了，一有冲突就护小，对两个孩子都不好。大宝因为受委屈会越发恨二宝，二宝则学会了利用爸妈欺负大宝。如此一来，两人的关系只会更加对立。

耐心安抚大宝，能有效减少矛盾冲突

自从有了女儿之后，田先生对儿子杭杭的要求在无形中就提高了，因为他觉得女儿出生之后，杭杭就是大哥哥了，再也不是小孩子。平时在家的时候，陈先生会不断地吩咐杭杭帮助妹妹做这个做那个，而且一旦觉得杭杭不配合，他张口就说："妹妹还小，你都这么大的人了，一定要更听话才行。"

兄妹两个有时会为了一块饼干、一个玩具等争夺，这时田先生会对杭杭说："你已经是大哥哥了，怎么这么不听话。"有时，杭杭突然哭了，田先生又会说："这么大了还哭，也不怕妹妹笑话你。"

杭杭属于性格比较内向、腼腆的男孩，平常家里有客人来的时候，他就会害羞地躲在一边玩耍，这时田先生又会命令道："你已经是大孩子，要懂事一点才好，还不快过来问叔叔阿姨好，这样以后才能给妹妹做好榜样。"

田先生原本觉得杭杭在自己严厉的教育之下，一定会变得更懂事，没有想到杭杭变得更加内向了，而且越来越不喜欢说话，还动不动就朝妹妹乱发脾气。

有一天，杭杭放学进家门时，田先生正在陪着女儿玩玩具。

妹妹看到哥哥回来了，高兴地嗲声嗲气地说："哥哥，你回来了，我好想你！"

然而，没想到杭杭却恶狠狠地对妹妹说："我讨厌你，别来烦我。"

杭杭为什么会有这些表现呢？其实，不是孩子不懂事，而是我们大人不会教！

相对于大宝而言，二宝似乎比较弱小和无助，这是一种正常心态，但由于有了这样一个二宝做比较，很多父母便容易产生一种错误的感觉：想当然地认为大宝理应更懂事，更听话，更懂得体谅父母，甚至应该帮父母照顾好弟弟妹妹，总之提出一定的要求和希望。但是，你对大宝期望越高，并不意味着大宝成长就越快，而且只会给孩子造成心理压力，不利于孩子的健康成长。

大宝再大，毕竟也还是一个孩子，也需要父母的关心与呵护。如果父母对大宝要求过高，尤其是经常因大宝没有达标而给予批评时，在大宝的心里，至少会有两种感觉被加强：第一，我已经做得很好了，爸爸之所以骂我，就是弟弟妹妹给惹的。第二，我就是一个坏男孩，一个坏哥哥。而这两种感觉一旦产生，并得到加强之后，对于他和二宝感情的培养是极为不利的。要知道，一个对别人心怀怨恨，而又自我感觉很差的人，是无法与别人相亲相爱的，甚至是无法和睦相处的。

以孩子的标准要求大宝

"你要懂事，要听话。"有了二宝后，很多父母总是希望大宝听话顺从，"懂事"作为一个褒义词也好像从未被质疑过。然而，你可知道对大宝做什么事情最残忍吗？就是把孩子一夜之间变成了大人。

其实，小孩子的"懂事"，就是向大人示好的表现：从来不说喜欢，从来不说渴望；不争不吵不闹，把难过和委屈习惯性埋藏心底。而这样的后果就是，他们将没有主见、懦弱，做事时总会束手束脚，听从大人的指挥，不敢逾越既定的规则，总是事事落于人后，甚至是养成自卑心理。

作为父母，对于大宝的成长和心智的发展，不应该操之过急，要知道欲速则不达。所以，对于大宝，我们还是以孩子的标准去要求他吧，毕竟他也只是孩子，他没有义务比二宝更懂事。耐心一点，给予孩子充分的成长空间，遵循孩子生长的自然天性，这会让大宝接纳弟弟妹妹的过程变得更轻松愉快。

给予必要的引导和帮助

在一个家庭里，随着二宝的到来，大宝会变得没有安全感，随即对二宝的不满和嫉妒等情绪会不可避免地产生。为此，我们要耐心地给予大宝必要的安抚和引导，让大宝能够公开表达苦恼和不满来释放不良情绪，而不是暗自郁闷和神伤。

这时，我们可以这样说："我发现你最近不太开心，是不是因为弟弟妹妹的缘故？你可不可以把你的想法说出来，让我们一起看看问题该如何解决……" "你可能会感到被遗忘了，你可能会嫉妒，你以为我不再爱你了，只爱二宝。如果你这样想了，请不用担心，因为我会一直爱你。"

当孩子发生冲突闹矛盾时，如果父母斥责大宝不懂事，肯定会让大宝很伤心，因为他已经失去了父母眼中"唯一"的位置，此时又受到父母的冷落和斥责。于是，他自然会想："爸爸妈妈偏心，他们对他就是比对我好。"等父母走开，就要报复性欺负二宝，加深两个孩子之间的矛盾。

如果发现大宝有明显针对二宝的不好行为，明确告诉大宝，二宝不是用来伤害的，但可以用其他方式泄愤，例如撕纸、丢沙包、向玩具打拳等等，要以破坏性最小，不影响别人的方式发泄情绪。这样既可以化解大宝心中的不满情绪，也可以使兄妹俩能够乐在其中，并从此建立起深厚的感情。

"你大，要让着他"——这种说法毫无道理

在生活类别角色互换真人秀《变形计之平行世界》中出现过这样一个场景：

小王子和弟弟在家中玩耍时，弟弟不小心自己摔倒了。小王子的爸爸看到大儿子正在扶弟弟，误以为是他推倒所致，不分青红皂白对着小王子就是一通训斥。妈妈在确认小儿子毫发无伤之后，赶紧帮小王子解围，不料怒气冲冲的爸爸不由分说又将妈妈数落一番，家里的气氛瞬间尴尬到了极点。

王子父亲的做法引发了网友的热议，对于此事，很多网友表示如身临其境，感同身受。由此可见，二孩家庭存在的偏心问题在当今社会并不是个例。

前不久去超市，看到一位年轻妈妈带着一对漂亮的儿女，说不出的美慕。突然，小男孩狠狠地抓住姐姐的辫子向后拽，姐姐疼得大叫一声，下意识地甩开弟弟的胳膊，并顺手在他屁股上拍了一下。

妈妈立刻训斥女儿："干吗打弟弟！"

"是他先拽我头发的。"小女孩红着脸，委屈到了极点。

"拽你一下怎么了？当姐姐的就不能让着点弟弟？你怎么这么不懂事！"

小女孩瞬间双眼通红，无声地流下眼泪。

看到这里，真想冲上去替小女孩打抱不平。

难道弟弟来了，姐姐就变成充话费送的孩子了吗？

但事实上，这个不平我们愤慨不过来，这样的场景在中国家庭屡见不鲜，很多父母在看到两个孩子闹矛盾时，总会不由自主冒出一句话："你大，要让着他！"

这样的要求会给两个孩子造成什么样的影响？

备受偏袒呵护的二宝会因此成长得更好吗？答案是否定的。可以想象，一个长期因为弱小而被迁就的人，长大以后是不是也会理所当然地认为，弱小可以讨情，获取不需努力？更会因为自幼习惯别人的忍让而变得非常自我，无法良好地和外界相容。

那么，同样被爸妈爱着却饱受委屈的大宝又会怎样？换位思考，世界上最爱自己的人，突然为了另一个人，把自己放在附属品的位置上，甚至为了他和自己怒目相向，即便是饱经人情冷暖的你，恐怕一时也难以接受。而对于一个孩子来说，这简直就是整个世界的阴暗和崩塌啊！

长期被压抑，大宝的人格极易走向极端：要么强横叛逆、乖张暴戾，以出格行为来对抗父母的不公平；要么柔弱不堪、逆来顺受，凡事把别人摆在第一位，委屈自己成全别人，没有勇气争取自己该得到的和想得到的，没有能力拒绝坑害和伤害。

这对两个孩子来说，无一不是一种悲哀！

爸妈们也许会说，手心是肉手背也是肉，哪个父母不爱自己的孩子呢？但不由自主地总会想保护相对较弱的二宝。其实有时自己也后悔，但事到临头又无法控制。

事实上，并不是每个二孩家庭都会出现这种问题，只要爸爸妈妈在日常点滴中关注到孩子的内心世界，给每个孩子相同的关爱和包容，在观念上迈出进步的一步，这样的问题是完全可以避免的。在二孩家庭中，父母应该尽量做到以下几点：

去除偏心的思想和行为

在二孩家庭中，父母要谨慎禁止自己不由自主产生的偏心思想和行为，千万不要因为二宝比大宝更聪明，或者二宝比大宝长得好看等主观因素，就偏向于他。这对大宝来说伤害很大，他可能会因此变得非常自卑，也可能变得暴躁偏激，无法形成健全的人格。

不要对大宝矫枉过正

有些父母总是认为，大宝就必须给二宝做个好榜样，所以对大宝矫枉过正，但凡大宝犯错，一定加重惩罚，甚至二宝犯错，大宝也要受到"连坐"。这对大宝来说，压力是非常大的，他只是个小孩子，心理承受力根本无法支撑这么大的责任。

这种情形下，也许大宝不反抗，但不代表他心里认同。大宝所遵守的规则，是来自父母自上而下的强压，他只能被动接受。这种模式下，即便大宝表面上做到了"尽善尽美"，但并不是"天然"的，而是掺杂了父母强权支配因素。如此做法，对于孩子的健康成长和发展不仅起不到正向作用，甚至最终背道而驰。

发生矛盾注重和解

两个孩子发生矛盾、起了冲突，爸妈不要过于紧张或生气，需要去了解孩子行为背后的动机，由此入手进行调节，教会两个孩子如何和平相处，如何相互包容。而不是第一时间扮演法官，马上做出自己的判决，责备批评自以为错误的一方。

一对姐弟正在一片空地上互扔沙子，眼见弟弟又扬起了一把沙子，爸爸赶忙阻止道："如果你再扔沙子，爸爸会叫警察。"

等弟弟停下后，爸爸开始教育姐弟两个："扔沙子是不对的，如果你们扔到眼睛里，眼睛会痛；如果扔到衣服上，衣服会脏。"

姐姐辩解说："是弟弟先扔我的。"

爸爸淡定地说："如果弟弟扔沙子，你可以告诉我，我会处理的。但你们都要明白，你们都不可以伤害对方，而要爱对方，好不好？"

在处理孩子之间的矛盾时，这位爸爸没有发怒，先喊停小的，再拉开大的，更没有要求姐姐让着弟弟，很轻松地把问题化解了。如果他简单粗暴地要求姐姐必须让着弟弟，这种命令式语气最容易加深孩子之间的矛盾。

面对错误一视同仁

孩子们做错事，谁的责任就是谁的，爸妈不可以偏袒，做对的孩子表扬、奖励，做错的孩子批评、小惩，不因性别而刻意袒护，不因年龄而格外纵容，对孩子幼稚的心灵来说，这就是公平的，也同样利于孩子是非观念的形成。

"妈妈，他抢我玩具"——让两个孩子学会共享

　　杨梅有两个儿子，大儿子7岁，小儿子4岁。自从小儿子出生之后，最让杨梅伤脑筋的就是如何让两个孩子和平共处，相亲相爱。兄弟俩吃的零食、玩的玩具、穿的衣服，统统都是两份，甚至有时要给其中的一个买东西，另一个其实根本没有相同需要，但为了避免不必要的冲突，只好也给另一个买了，所以无形中也增加了不少不必要的开销。然而，依然会有一些意料不到的状况。

　　有一次，哥哥正坐在电视机前目不转睛地看动画片，弟弟便拿起哥哥最爱的遥控车。过了一会儿，哥哥发现弟弟正在玩自己的玩具，伸手过来抢。"妈妈，他抢我玩具。"杨梅看到两个儿子吵架，便跟哥哥讲道理："你现在正在看动画片，暂时不玩遥控车，你就先让弟弟玩一会吧。"

　　但哥哥不但没有退让，反而理直气壮地反驳道："那是我的遥控车，我不许别人碰。他也有自己的遥控车，他为什么不玩自己的，玩我的。"

　　杨梅又开始劝弟弟："你们的遥控车一模一样，你的是黄色的，哥哥的是蓝色的，只是颜色不同而已，你玩自己的好吗？"

　　谁知，弟弟也不肯退让，兄弟俩为此争执不下。

　　让杨梅更为无奈的是，平常吃饭的时候，如果饭桌上有兄弟俩都爱吃的菜，一

个吃得快，另一个怕没有了，就赶紧把剩下的菜全部倒进自己的碗里。这样一来，兄弟俩又在饭桌上打起架来了。"我总不能把每一样菜都一分为二吧，这兄弟俩为什么都这么自私，不知道相亲相爱呢？"杨梅颇为无奈地说。

像杨梅家这样的情况，在很多二孩家庭中普遍存在，这也是最让父母烦恼的地方。

孩子为什么这么自私呢？其实，这是有原因的，大体来说，可以分为两种原因。

一方面，孩子终究还是孩子，心理发展未达到成熟阶段，遇到自己喜欢的东西，都想"独占""独享"，占有得越多越好，而且他们往往单纯地认为"我就是独我的世界"，把"分享"误以为是失去，在衡量外界的标准时便把是否有利于自己作为标准，不懂得与别人分享，自己的东西谁也不能动。

另一方面，不少父母出于对孩子的爱，把好吃的、好玩的全让给孩子，对于孩子的要求总是有求必应，通过各种途径使孩子得到满足。这种过分的溺爱会让孩子理所当然地认为家里的一切好东西都是自己的，久而久之就养成了以自我为中心的意识，不愿意给自己的兄弟姐妹分享。

一个不懂得分享的孩子，永远不可能懂得什么是真正的爱，也不可能与兄弟姐妹友好地相处，这就需要父母对孩子的占有行为进行引导，让两个孩子尽早学会分享。

父母的榜样示范最重要

孩子的模仿能力和塑造性特别强，如果父母自私自利，不愿分享，很难让孩子养成慷慨大方的习惯。所以在家庭生活中，父母平时要善于抓住时机为孩子做好示范带头，如用好吃的东西热情接待客人，邻居前来借用物品时不要吝啬。当父母有什么快乐的事情时，以分享的姿态讲给孩子们听。在潜移默化中，孩子自然就会建立分享的动机，就会不自觉地模仿父母的分享行为。

引导并肯定孩子的分享行为

将两个孩子结合成一个统一的整体，通过让他们自己进行相互间的沟通和协调，来分享玩具和零食，最终使彼此都获得物质和精神上的满足。当然在这一过程中，父母一定要做好协调，给予孩子们必要的引导，比如，当大宝在玩玩具的时候，你可以尝试着走过去说："弟弟也非常想玩，他可以和你一块玩吗？"

孩子虽然可能有点不情愿，但仍同意和弟弟一块玩。这时，父母要不失时机地肯定孩子的分享行为："你把玩具让弟弟一块玩，你真棒！""你看，你们玩得多高兴啊。"除了用上述的语言进行引导之外，父母也可用点头微笑、竖起大拇指等肢体动作来加以激励和表扬。父母的肯定会给孩子带来快乐和满足，进一步激发孩子下一次分享的行为，同时也会激发兄弟姐妹的模仿和学习。

在游戏中扮演不同角色

孩子的学习大多是从游戏中获得的，父母可在游戏当中与孩子们一起扮演不同的角色，识别不同行为的对错，真正建立起健康有效的分享观念。比如，当哥哥拒绝和弟弟分享心爱的玩具时，不妨让哥哥扮演一个想玩别人的玩具时，却被拒绝的小客人，体会被拒绝的痛苦，从中意识到分享的意义。

培养两个孩子之间的感情

爱，是解决一切争端的利器。因为爱你，我愿意把我的东西给你。要想让大宝和二宝学会分享，培养孩子之间的感情是关键。比如，让两个孩子单独相处，并要求他们相互配合完成一些事情；让两个孩子一起参加某项活动，体会到团结互助的力量，感情上会更亲近，那么分享的行为就不难了。

只要兄弟姐妹之间学会分享，彼此的感情就会日益深厚。

只要兄弟姐妹之间感情深厚，所有的事情都会容易处理。

做好必要的调节——让两个孩子学会自己解决冲突

素素7岁，简简5岁半。有一次，姐妹俩在客厅一起玩，简简忽然大哭起来。妈妈慌忙从厨房跑出来，看到简简在地上半坐着，原来素素嫌妹妹推倒了自己的积木城堡，气得一把将妹妹推倒在地上。妈妈十分生气，狠狠地朝素素的屁股打了几下，然后将简简抱了起来，一边哄着简简，一边呵斥素素。

"这件事是你错了，赶紧给妹妹道歉。"

素素大喊着："她推倒了我的积木，我就不。"

妈妈于是下了最后通牒："我数到3，如果你还不道歉，我就不再理你！"

这时，素素大哭起来，喊道："对不起！"

平静下来之后，姐妹俩又继续一起玩，但没过一会儿，又传来简简大哭的声音。

妈妈又急忙跑过来，还没等她开口问，素素就"解释"了："妹妹的手被玩具卡了一下。"

妈妈抓过简简的手一看，上面留下的明明是被咬的牙印，而此时素素的眼里满是怨气！

"我原本是想用强势的方式让素素明白，不能欺负简简，谁知却激发了素素更强烈的逆反行为，反而令两个孩子的矛盾加深了。"于是，妈妈强迫自己冷静下来，不再说教，也没有再打骂素素，而是嘱咐道："你们要好好玩，玩得不好两个人都伤心，玩得好两个人都高兴，哪一种更好？你们选择。"

接下来，妈妈开始尝试着让姐妹俩自己解决矛盾。

其间，简简总是不停地给姐姐制造"麻烦"，好几次不小心推倒了素素垒起来的积木城堡，素素偷偷瞄了下妈妈，妈妈假装没看见，于是她还是会忍不住向妹妹动手，要么打一下，要么推一下。受到姐姐"欺负"后，简简意识到妈妈没打算帮自己的时候，她也就变得从容了。甚至在被姐姐推倒之后，马上一骨碌爬起来，继续跟着姐姐玩。其间，简简总会不小心将姐姐的积木推倒。

几次之后，素素没好气地说道："你为什么老给我推倒？我不要和你玩了。"

这时，妈妈走出来，坐在了地上，说道："你们先把手上的玩具放一放，坐到我旁边来，我想听你们说一说发生了什么事情。"

妈妈对素素说："我看见你打妹妹了。"只描述看到的事实，语气平和。

素素解释道："因为简简老是推倒我的积木，我不喜欢她这样！"

妈妈看向简简："姐姐说你老推倒她的积木，她不喜欢你这么做。"仍然不评判对错，只是重复刚才素素的话。

"你们俩有什么好办法吗，怎么样才能继续一起玩下去？"妈妈继续问。

两个孩子不说话，妈妈继续说道："垒城堡是很辛苦的，是不是？素素。一会让简简也垒一个小城堡，好不好？让她体验一下你的辛苦。"

一会，简简垒起来一个小城堡，妈妈假装不小心推倒了。

简简原本想哭，但妈妈却说："现在，你知道姐姐的心情了吧？"

简简怯生生说了句："姐姐，对不起！"

素素忍不住笑了，姐妹俩开心地玩了好长时间。

大宝和二宝之间吵架，很多父母的第一反应就是快速"息事宁人"，往往会选择替孩子做裁判，但效果往往不显著，还极有可能导致两个孩子的关系恶化，这是令很多父母头痛的事情。不过，从上面这位妈妈处理两个女儿矛盾的案例中，我们看到，让孩子学会自己解决冲突，反而能更好地解决纠纷。

著名教育家陈鹤琴曾经说过这样一段话："吵吵闹闹是上帝赐予孩子的礼物，孩子们在吵闹中长身体，长智力……"可见，孩子之间的冲突并不完全是坏事，让孩子学会自己解决冲突，学习如何处理问题，学会与人交往，可为今后融入社会做好准备，而这一切都不是父母单纯的说教可以代替的。

那么，具体如何让两个孩子自己解决冲突呢？方法如下：

让孩子自己感受气氛

依据上面的案例，当二宝破坏了大宝辛苦搭建的积木城堡，大宝已经生气的时候，你可以如此询问大宝——"现在我看你非常不高兴，你是不是觉得妹妹是故意把积木推倒的？"如果大宝的回答是肯定的，而且事实如此。这时，你可以不说话，这会营造出一种"凝重"的气氛。孩子都是敏感的，再小的二宝此时也可以非常清晰地感受到此刻的气氛，意识到大宝被自己激怒了。

这时候，不要逼着一个孩子向另一个孩子道歉，其实形式上是否道歉并不重要，重要的是让孩子感受到你的尊重和爱护。尤其是当孩子已经意识到自己的错误，只是碍于面子口头上没有任何表示时，那么我们也就别太纠结细节，不妨鼓励孩子："要不，你想想怎么可以让你姐姐好受些？我们给姐姐拿一个草莓蛋糕，好不好？"

给孩子描述纠纷的权利

当面临一个对峙局面的时候，我们要尽量避免评判谁对谁错，也不要说"不要再争抢了"或"谁先停下来谁更乖"。所有的孩子都希望自己的解释被听到，被理解，如果大宝和二宝都已经到了可以正常表达的年纪，不如鼓励孩子们讲出自己的想法。比如，你可以对二宝说，"姐姐觉得你是故意的，你想和她说一下刚刚发生了什么吗？"——给孩子描述纠纷的权利，这样可能会再次产生冲突，却可以帮助他们找出症结所在，而且会让孩子增加对我们的信任。

教给孩子必要的解决方法

要想有效解决孩子之间的冲突，你应该引导孩子，用正确的方法来解决问题。

常见的处理方法包括谈判达成妥协，轮流决定等。例如，如果哥哥想占用桌子玩棋盘游戏，而弟弟也想在桌子上玩乐高，你可以建议他们先一起玩棋盘游戏，然后一起打扫，一起玩乐高，或者讨论接下来玩什么。

还有一个比较好用的方法是，在冲突发生之前进行类似情况的角色扮演，比如，拿走一个孩子们最喜欢的玩具，让他们自己在整个过程中想办法来解决问题。角色扮演之后，你的孩子就会知道怎样去处理这种情况，你还可以和孩子讨论如果以后再面临这样的情况他是否可以做出不同的处理措施。

孩子吵闹时之所以找父母，有时并不是为了找人评理，而是随便拉一个人听听而已，父母无须过多干涉，很快他们就会和好。但是如果冲突扩大，甚至有爆发肢体冲突时，父母应该立即介入，并告诉孩子暴力是不好的，不但让大家不愉快，也无法解决问题，建议他们应以其他方式解决问题。

做好一些必要的调节，让两个孩子学会自己解决冲突。相信在一段时间后，他们会建立属于自己的相处模式，在彼此心中的地位变得越发重要。

两个孩子相互告状，爸爸妈妈如何处理?

"妈妈，弟弟拿我的笔不给我，我讨厌他。"

"爸爸，刚才哥哥踩我了一脚，现在还疼!"

"妈妈，妹妹刚才骂我，还不向我道歉，我再也不喜欢她了。"

"爸爸，姐姐占了大半张桌子，没我的地方了。"

……

像这样的告状，作为二孩父母，我们一点都不陌生，而且经常哭笑不得。你认为这是一个问题吧，但它往往又不是什么原则性的问题。你认为这不重要，不值得去深究，而两个孩子却整天接二连三地来告状，使你坐立不安，心烦头痛，毕竟每个父母都希望自己的孩子们相亲相爱。

面对两个孩子的告状，我们究竟该怎么处置? 相信这是不少父母都有的疑惑。

要想好好解决这一疑惑，其实我们更应该反思，孩子们为什么爱告状。不管我们怎么看待并处理两个孩子的相互告状，都应该明白，在孩子告状的背后，在他们小小的心灵里，其实自有他们的想法和理由。

在这里，我们不妨一起来深入探讨，并找出一些解决问题的方法。

孩子确实受到了委屈

很多孩子受到委屈时，比如被哥哥欺负、捉弄，虽然在大多数情况下并不严重，但如果弱小的一方缺乏自我保护能力，就可能产生委屈、愤怒等心理，这时就会自然而然地向父母求助，通过告状请求父母的安慰、同情、保护和支持或求得公正裁决，这类告状占了所有"状纸"的大部分比重。从另一个角度看，这也正是孩子对父母的一种信任。如果父母认为是一些鸡毛蒜皮的小事，不值得深究，孩子会误以为父母对自己不关心，或者对另一方偏袒，进而激化大宝和二宝之间的矛盾。

所以，我们应该对那些确实受了委屈又没能力"反抗"的孩子进行必要的帮助，不管事情大与小都要积极处理，对犯错误的一方给予适当批评，让告状的孩子知道父母处理问题是公正的，做错事情的孩子要挨批评，同时让事情得到解决，这样不仅可以缓解大宝和二宝的矛盾，也让他们感受到了父母的关爱。

孩子想引起父母的注意

在二孩家庭，每个孩子都希望得到父母更多的关注和爱，有些孩子表现欲很强，自我评价能力较差，总是期望父母对自己做出肯定的评价，得到父母的表扬和称赞，却又常常被父母忽视，因而他就借一些小事来告状，他们是在通过"告状"这种独特的方式来告诉你——"妈妈，我很棒，请多关注我！"

遇到这种情况，父母千万不要责备来告状的孩子没事找事，而是应该多关注他们，平时多陪陪孩子，多和孩子说一些鼓励和表扬的话，走进孩子的内心世界。比如，如果孩子在某一方面做得不错，作为父母，我们要及时进行夸奖："你确实做得很棒，以后也要这样做！"一句话会使孩子感觉到父母在关心他，看到了他的努力。同时也会转移孩子的注意力，不再纠缠于告状本身。

但是，不能过多地表扬这类孩子，以免孩子形成爱"打小报告"的坏习惯。

孩子出于简单的是非判断

有的孩子看到兄弟姐妹在做的事情，其实自己也很想去做，但不确定这种行为正确与否，是否在被允许的范围，他们担心做错事，就利用"告状"来探虚实。如果父母对这一行为持肯定态度，那么他会立即模仿这种行为。若父母反对，那么他不仅自己不会做这种行为，而且还会阻止兄弟姐妹。

对于这一类告状，我们平时要多给孩子制定行为规则，什么能做，什么不能做，让他们心中有数；也可以将两个孩子叫到一起，让告状者公开表述自己的观点，批评那些不正确的行为。如果对错不太明晰的行为，也可以让两个孩子进行讨论，发表各自的观点，使两个孩子都从中得到品行教育。

源自一种损人利己的心态

我们已经知道大宝和二宝之间存在激烈的竞争，当发现自己在才能、名誉、地位或境遇等方面不如对方时，有些孩子就会产生一种由羞愧、愤怒、怨恨等复杂的情绪状态导致的嫉妒行为，他们"告状"时常添油加醋、夸大其词，希望通过告状贬低对方、抬高自己，让对方受到父母的严厉批评。

很明显，这是一种损人利己的心态，这种告状堪称"儿童版告密"，是身为父母要特别注意的，我们不仅要让孩子明白什么是"实事求是"，而且要注意孩子的心理健康教育。比如，姐姐明明做得不错，弟弟却故意告状，那么不妨给弟弟提供一些如何变得优秀的建议，引导他去发现姐姐身上的优点，取人之长，补己之短。同时鼓励两个孩子之间要团结，学会相互尊重和爱护。

由此可见，孩子互相告状表面看起来多是小事，其实动机各有不同，关系到两个孩子之间的情感培养，也关系到每个孩子成长过程中获得的幸福感，以及以此形成的价值观。因此，我们不能轻视敷衍，不可草草了事，而要了解事情的真相，心平气和地和他们谈，再根据事情大小做出恰当处理。

处理这些问题，是非常考验成人耐心的，因为在大人看来无足轻重的事情，在小孩眼里，都是大事。有句话说"教育就是等待"，意思是对孩子需要有更多的耐心和善意，这道理同样适用于解决告状这件事情。多一些耐心，多一些包容，这样就把一个个问题变成了孩子成长的契机。

制定必要惩罚规则，公平而不失灵活

佟严是个7岁的小男孩，正处在"七岁八岁狗也嫌"的年龄，其中最令父母烦恼的是，他对妹妹一点也不友好。和妹妹一起玩玩具时，他的目光从来都不在玩具上。更确切地说，他的注意力都放在了妹妹身上，一刻不离。不是盯着妹妹在玩什么玩具，就是抢妹妹手里的玩具。即便妹妹把玩具让给了她，他也只是摆弄了一两下就扔一旁了，目光又再次落在了妹妹手里的玩具上。

对此，妈妈总是抱怨佟严不听话，想着等大一些就好了，但爸爸发现这一情况后，却严厉地批评了佟严一顿，并规定下次不能硬抢妹妹的玩具，需要玩必须经得对方同意，否则就没收所有的玩具，面壁思过十分钟。

谁知，第二天佟严的"毛病"又犯了，爸爸当即要求佟严向妹妹道歉。看着爸爸坐在沙发上沉着脸不说话，佟严向妹妹道歉说："对不起，我不该和妹妹抢玩具。"

见此，妈妈赶紧打圆场，说："这次的事就这样吧。"

可还没等妈妈把话说完，爸爸就打断了。"不行！作为惩罚，你现在就把你的玩具交上来。另外，面壁思过十分钟。我这么做，就是为了让你记住这件事的教训。"爸爸严肃而认真地说。

听到这么严重的"惩罚决定"，佟严求饶似的看了看妈妈……

如果你是佟严的妈妈，你会怎么办呢？

当两个孩子发生冲突时，可能很多人都会和佟严的妈妈那样，本着息事宁人的原则大事化小，小事化了。但等事情过去后，孩子不见得有多么深刻的教训，也就难以避免再发生类似的事情。如果像佟严的爸爸那样，进行合理的惩罚，其实更有助于帮助孩子学会自律、自我约束；能使孩子明白做什么事情是对的，什么事情是做不得的，不由着自己的性情做事，孩子间的冲突自然也会减少。

当孩子们发生争吵的时候，如果你参与进去了，即便你再怎么保持公正，也难免会让一方的孩子感觉你有意偏袒了另一方。与其让孩子有这种错觉，不如提前给他们制定一套必要的惩罚规则。简单来说，规则就是一种界限，告诉孩子什么不可以做。规则就是规则，无关年龄大小，只有对错。

比如，两个孩子的玩具物品根据他们的意愿决定是否分享交换，所有公用的玩具采用先来后到排队原则，比如荡秋千，说好每人10下，这是规则。

如果孩子之间依然矛盾不断，那么可以事先划定一些安全区域，比如把他们的私人财产和共享财产分开，放在不同的地方或者房间。那些非公用的东西，告诉孩子这是对方的东西，鼓励孩子主动询问意见，以获得同意。如果不同意，可以尝试沟通和妥协，如果实在不行就接受结果。

制定规则时，并非由大人定后让孩子遵守就可以了，实际上主角是孩子，不尊重他们的特点和意见制定出来的规则，可能会成为一种强迫性的命令，这样会造成孩子的逆反心理，所以制定规则时一定要符合孩子的特点，征求孩子的意见，而且简单明白易懂，让孩子一看就能明白。只有孩子理解了这些规则，才能更好地去遵循，如果孩子不懂，父母一定要把这些规则给孩子讲清楚。

比如，告诉孩子发脾气时可以打枕头，但不可以打弟弟妹妹。如果你无缘无故打弟弟妹妹，那么就需要向他们道歉。

"有规矩，成方圆。"惩罚措施是一种警示，我们要提前和孩子讲明，哪些事能做，哪些事不能做，以及做了不能做的事情会受到什么样的处罚，承担什么样的责任，这样会让孩子做事之前学会思考，明白有些界限坚决不能跨越，在无形当中能够有效帮助孩子们减少冲突的可能性。

在实行的具体过程中，一定要立即执行惩罚措施，这是确保惩罚有效的关键。也就是说，一旦孩子做了不能做的事情，应当立即让孩子体验到该有的惩罚，这会让孩子意识到规则绝对不只是说说而已，更加认识到遵守规则的必要性。

不管什么时间，什么地点，什么场合，定好的规矩都必须要遵守。不可昨天惩罚，今天就不罚，明天又惩罚。不能昨天是这个样子，今天又换了另外一个样子。惩罚要有同样的原因，使用同样的方式，这样做才不会让孩子理解上出现偏差，导致大家都不遵守规则，产生矛盾。

当然，我们还必须认识到，制定规则不是为了惩罚孩子，而是为了给孩子们营造一个"爱和自由，规则与平等"的环境，有助于协调两个孩子之间的和谐共处，因此在公平的基础上要不失灵活。如果孩子很内向很敏感，那么最好不要采用罚站等硬性惩罚方式，而是采用一些含蓄的惩罚方式，比如借助寓言、故事、童话，适当加以引申发挥，旁敲侧击，委婉地给予批评教育。

同时，制定了规则，也不代表孩子的执行就会一步到位，我们要有足够的耐心。惩罚的真正目的是在规则的指引下，帮助孩子一点点进步，协助大宝和二宝之间有效地互动。可如果我们一味地惩罚，孩子只会不断地挣脱规则，这就有悖于我们的教养目的了。

教二宝学会尊重大宝，能有效增进手足之情

周末的时候，一位妈妈带着两个孩子一起去野营，大女儿5岁，小女儿未满3岁，都穿着漂亮的连衣裙，特别可爱。

可爱不过五秒，姐姐就大哭了，妈妈一看，原来是妹妹抢了姐姐手里的零食，还咬了姐姐一口，两三个牙印都深深地印在姐姐手上了。

妈妈将妹妹拎到一边教育："你怎么又抢姐姐东西呢？"

妹妹却理直气壮地说："这些零食都是我的，我不许姐姐碰。"

妹妹这样的行为屡见不鲜，经常将家里的零食、衣服、玩具等据为己有，甚至有一些霸道倾向，姐姐如果不听她的话，就会扬手给姐姐一巴掌，虽说打得不疼，却经常惹得姐姐伤心不已，哭声连连。

很多父母有这样一个心理，觉得有了二宝之后，大宝就必须要学会做一个"好孩子"，就应该有个哥哥或姐姐的样子！可是二宝好像对"好孩子"丝毫没有概念，处处欺负和打压哥哥或姐姐，进而引发彼此之间的矛盾和对立。这手心手背都是肉，处理起来真是让人犯难。怎么办？

如果你也面临这样的烦恼，那么以下几个方法或许有所帮助。

及时制止+必要的教育

二宝虽然年龄较小，但比大宝的心思并不少，往往会仗着父母或者家人的祖护，故意和哥哥姐姐"叫板"。这时候，如果大人不及时制止，就会激化孩子之间的矛盾。

所以，如果发现二宝"欺负"大宝，父母一定要及时制止，并进行必要的教育！即使孩子年龄小，对很多话语不理解，但该说的一定要说，要告诉他这是不对的，打人是会疼的，加深印象和认知。"如果哥哥打了你，你也会生气不理他的。人与人之间要和和气气，不可以随随便便打人，如果你总是打人，不但哥哥不理你，妈妈也会不理你，就连外面的小朋友也不会理你的！"如果孩子一而再再而三地不听，不介意父母打回去，让他知道打人和打桌子不一样，人是会疼的。

及早给二宝立点规矩

由于年龄幼小，认知不足，有些二宝并未意识到自己的言行对大宝是一种"欺负"，这时候父母应及早给二宝立点规矩，让二宝知道哪些言行是正确的，哪些言行是错的。

"姐姐睡觉时，不许大喊大叫，这是很不礼貌的。""你不要欺负姐姐，你打姐姐也会痛的。""好吃的东西，要跟姐姐分享，要不然下次不给买了。"……也许孩子并不是故意的，但仍然应该严厉批评，这会让二宝清楚你的态度，告诉他那些不尊重大宝的行为你不会不理会。给二宝立规矩的时候，最好当着大宝的面，让大宝感受到来自父母的尊重，这是消解俩孩子之间矛盾的关键。

教会二宝准确表达想法

小孩子通常不太会表达自己的想法，越小的孩子越困难，他们便会尝试用愤怒的行动来表达。二宝之所以出现"欺负"大宝的行为，有时只是想和大宝玩，或者希望得到关注。为此，我们不妨尽早教会二宝一些简单的词汇，准确表达自己的想法，比如想要就说"要"，想玩就说"玩"等。

把满满的爱反馈给大宝

在日常生活中，我们不仅要教会大宝爱二宝，也要教会二宝把爱反馈给大宝。

比如，过节日或者过生日的时候，如果姐姐为弟弟准备了一份礼物，父母要提醒弟弟也要准备一份礼物回报给姐姐。同时，父母也要尽己所能，为两个孩子都准备一份礼物。让大宝感受到来自弟弟妹妹的爱和尊重，他们自然就会更容易接纳和照顾弟弟妹妹，如此也更容易培养出亲密无间的手足之情。

妈妈的负面情绪会打破孩子的心理平衡

在某小区广场上，几个妈妈正在闲聊：

"自从生了孩子以后，我每天都是围着孩子转，一点个人时间都没有，没有朋友、没有娱乐，真觉得这样的生活没有意思。"

"我老公一天到晚都在忙工作，家里大小事情什么都顾不上，全都是我一个人做。我总是莫名地感到心情烦躁，总会忍不住冲孩子吼。"

"一个孩子还好些，两个孩子才难办。我现在每天上班工作又累，回家还要照顾两个孩子。有时候，工作不顺利了，和同事生气了，或者伤心了，表情全写在脸上，不仅影响工作，引得两个孩子也整天板着脸吵架。"

……

听起来，这些妈妈们真是满腹牢骚。

回想一下，你经常在孩子面前是一种怎样的状态？

工作上的不顺利，糟糕的人际关系，或者繁重的家务活，孩子爸爸的不尽责，孩子的差劲表现，等等。不少妈妈经常处在一种不满和愤怒之中。

但身为妈妈，你知道自己的情绪，会如何影响孩子们的情绪吗？

对于任何一个孩子而言，世界上最爱的人莫过于妈妈。妈妈的表情，没有谁比一个孩子更敏感。如果一个妈妈总是一副愁眉苦脸的表情，甚至抱怨连连，这会打破孩子心理上的平衡，导致他们内心缺乏安全感、有遗弃感、容易烦躁、敏感，不难想象，这样的孩子也更容易引发冲突。

养育孩子不容易，养育两个更不容易，但是为了两个孩子的快乐成长，为了整个家庭的和睦，妈妈们与其焦虑烦躁，倒不如先让自己快乐起来，这才是最主要的事情。

那么，妈妈们如何让自己快乐起来呢？

其实你不必做完美妈妈

为了做一个称职的好妈妈，许多妈妈会在潜意识里给自己设定一个完美妈妈的标准，但是这世上没有完美的人，也不可能有完美妈妈。如果事事处处都要求自己做到完美，无形中会给自己很大的精神压力，而且总会发现自己有做得不好的地方，如此心情怎么可能放松和愉悦？所以学着允许自己不完美吧。

著名主持人杨澜也曾经因为自己不是完美妈妈而恐慌过，她希望每天给孩子做想吃的食物，她希望每天陪伴在孩子身边，但是她的厨艺不够精湛，工作要求她必须经常出差，为此她变得十分焦虑，孩子也跟着焦虑起来。意识到这一问题后，她开始转变自己："我的孩子有一个不会做饭的妈妈，但是他们也有一个见多识广总是兴致勃勃的妈妈，一个享受着自己工作和生活的妈妈，我觉得这很重要，总比一个整天唉声叹气的妈妈要强。"

任何妈妈都有好的一面也有不好的一面，在做妈妈的过程中也会经历无数试错和试炼，妈妈给孩子最重要的东西是永远的爱，我们无须做到处处完美，只需要问心无愧就好。如此一来，在面对自己的妈妈角色时，在处理复杂的亲子关系中，我们才能比较轻松地面对，也才能做到更好。

所以，不妨适时地告诉孩子："对不起宝贝，我不是一个完美的妈妈，但是我一定可以做一个爱你信任你的妈妈。"

抱怨问题不如解决问题

当看到二宝的出生引发大宝各种反常行为时，有些妈妈也会跟着烦恼不已：

"每天照顾二宝就已经够辛苦了，大宝还偏偏要给我添堵，真是气人。"当大宝和二宝因为一件玩具吵闹时，妈妈又会愁眉苦脸地想"两个孩子给家庭带来了这么多麻烦"，甚至开始后悔"早知道这样，我们就不生二宝了"。

其实，与其把时间浪费在无用的抱怨上，倒不如仔细寻找解决问题的办法，想方设法化解大宝的内心情绪，运用各种方法协调大宝和二宝之间的关系。唯有如此，才有改变现状的能力，令情绪得到好转。

"育儿"只是生活的部分而非全部

工作总有下班的时候，工作不会是一个人的全部，"育儿"也是一样，只是作为生活的部分，而不是全部。所以，在适当的情况下，不妨跳出"妈妈"这一角色，去做自己喜欢做的事，允许自己休息一会，或者和朋友们聚会，或者让爸爸进入到育儿生活中，反而能够积极地调整自己的情绪，拥有更多的热情、活力、创造力和情感，这也将更有益于孩子的心理发育。

你要学会适当地"放手"

相信，妈妈们都想给予自己的孩子无微不至的爱，但如此殚精竭虑，不但自己累，也扼杀了很多孩子自己成长的机会。我们为人父母，最重要的是要让孩子活出精彩的自己。所以，随着孩子们的长大，独立能力的增强，比如可以独自吃饭、玩耍、如厕等，妈妈要学会"放手"，不要过度控制和监督孩子，充分信任自己的孩子，给他们以适度的自主空间，有利于发挥他们的主动性，自由去探索世界的种种可能。

比如，有些妈妈一边抱着二宝喂奶，一边陪大宝写作业，经常被大宝气得回奶；有些妈妈同时陪两个孩子做作业，常常吼完这个，又吼那个，很是苦恼。其实大可不必，你可以事先跟孩子提出条件，比如晚上八点可以玩玩具，但在之前必须要把作业写好。在不全程监督孩子写作业的情况下，让孩子自己掌握节奏，靠自觉完成作业，这要比紧盯着孩子完成作业的效率高得多。

快乐的妈妈是家庭的财富，妈妈的幸福、妈妈内心的喜悦，都是能够全部传递到孩子的心里的。常常处在妈妈的快乐笑容中，孩子们的人格会发展得更完善和成熟，家庭总会是一个温馨和甜蜜的小窝，从而也能让孩子们成长得更健康，如此孩子之间发生矛盾和冲突的可能性势必大大降低。

生活不可能一帆风顺，我们不可能每天都快乐，但一个合格而成熟的妈妈应该做的事情，就是尽快摆脱那些负面情绪，以快乐积极的心态面对每一天。

快乐是争取而来的，快乐也是可以保持的，只要身为妈妈的你有意而为之即可。

PART B 红色育警

二孩时代，敢生还要会教

第五章

第二个孩子的问题
教育不能依葫芦画瓢，杜绝"复制式"教育

教育最不能复制，在大宝身上有用的方法，在二宝身上依葫芦画瓢不一定有用。这里的道理是很明显的，不然谁家教出了博士生，大家都去学，岂不是遍地都是博士生。

把孩子培养大，而不是拉扯大

有个爸爸很节约，舍不得到饭店吃饭，一年到头舍不得买几件衣服，朋友们时常说他要对自己好点。他说没事，要了二胎了，现在多存点钱，以后给两个孩子用。为了赚更多的钱，这位爸爸错过了很多孩子们成长的过程，他没参加过孩子们的父母会，甚至仅有的几次送孩子们上学，还经常搞错班级。

好在，妻子担起了大部分照顾儿女的责任。她每天无微不至地照顾两个孩子，家务活也一人包揽。儿子想吃饺子，就马上去买面粉自己擀饺子皮；大夏天，女儿想喝骨头汤，她就钻在厨房里，热得满头大汗……

但每次谈起两个孩子时，夫妻两人的眉头都恨不得锁在一起。爸爸说："孩子们跟我一点也不亲。我这天天忙着工作，加班、出差，不都是为了给他们多挣些钱花！"妈妈也说："我辛辛苦苦把两个孩子拉扯这么大，当我特别累或身体不舒服时，孩子却很少能主动地表示关心……"

听到这对父母的"遭遇"，大家会有什么感想？

父母爱孩子，这是天经地义的事情，父母的爱大多是无私的，不少父母常挂嘴边的是："把你拉扯这么大，我容易吗？""拉扯"二字极形象地表达了养孩子的操劳辛苦。但是我们不禁要问，我们爱的方式和方法是对的吗？有时候，我们会不会借着爱的名义，忽略了孩子真正需要的东西？

我们为什么生下孩子？有的人会想当然地认为，育儿就是把孩子养大，即所谓的"拉扯"大。这部分理解是对的，但父母只要把孩子抚养长大就合格了吗？父母需不需要对孩子的感情和心理健康负责？从小被冷落的孩子性格上会有什么不良影响？这些深层次的东西，似乎更值得被重视。

父母是唯一一个不需要经过培训、考核，不需要持证就能随时上岗的职业。然而，当你准备要孩子，尤其是二胎时，就必须认真思考以上这些问题。毕竟，家有二宝一定会使家庭发生很大的变化。而面对这种变化，除了大宝可能一下子无法适应之外，作为父母，也要面临着新的负担。这种负担不仅仅是要让儿女吃饱穿暖，尽量满足他们的物质需要，而且也应当承担起教育儿女的责任。

我们前面提及的那位爸爸，为了赚更多的钱，无暇顾及家庭，错过了很多孩子成长的过程，他没参加过孩子们的父母会，甚至仅有的几次送孩子们上学，还经常搞错班级。

而另一位爸爸，虽然也有繁忙的工作，但在业余时间他会陪孩子们讲故事、散步、做游戏，每天抽半小时时间和孩子们聊天。

哪一个家庭更幸福、更成功呢？答案不言而喻。

育儿，不是"拉扯"，而是教育。正所谓"生容易，养不易"。家庭教育就像孩子穿衣服扣的第一颗扣子，二孩家庭尤为考验父母的教育能力。教育包括很多，其中最主要的是，对孩子性格以及习惯还有素质的教育，让孩子健康成长，将来成为有用的人，这才是父母养育孩子的最终目的。

因此，二胎来临时，最关键的是升级家庭教育。

那么，该如何升级家庭教育，让家庭更和谐，让孩子更加健康成长呢？

克服对子女的过度关注和溺爱

独生子女是家里的唯一，父母会情不自禁地对孩子产生聚焦性关注，孩子在家庭中的地位高人一等，处处特殊照顾，这种溺爱是父母给予孩子最可怕的"毒药"。"二孩"的到来，意味着孩子不再是家里的唯一，因此我们的家庭教育也要回归理性，无论是大宝，还是二宝，要克服对子女的过度关注和溺爱，不能盲目地、一味地迁就孩子，而是适当满足孩子的需求。同时，要培养孩子独立自主的意识和能力，让孩子成为自己生活的主宰，这才是父母对子女最深远的爱。

必须承认，独生子女教育有一定的弊端。回想一下我们的父辈们，家庭中都是两个以上孩子，孩子们会相互谦让、相互照顾、相互影响。百年大计，教育为本。孩子的成长是不可逆的，以"二孩"为契机，克服对子女的过度关注和溺爱，也许可以让家庭教育的责任重新回到父母的手中。

更加重视和孩子的情感沟通

第二个宝贝的到来，给家庭带来了欣喜，也让父母面临新的挑战和压力，为了更好地抚养两个孩子，生活和工作的节奏比以前快了很多，有些父母没有安排好时间或没有认识到与孩子进行情感交流的重要性，往往把与孩子亲近的时间给挤掉了。如果这种情况经常发生，长此以往，必定从感情上让孩子感到疏远。尤其对于大宝而言，已经习惯了获得父母全部的爱，二宝的到来，无论父母平时做得再好，他得到的爱都会被瓜分，所以此刻更容易感受到父母情感上的缺失。

每个人都是有感情需要的，对于孩子来说，更需要亲热的情感和父母的温暖。因此，即便工作再忙碌，生活再劳累，父母应尽量合理分配时间，运用已有经验，与孩子进行情感交流，如亲切交谈、回答问题、共同游戏等，不断创造孩子之间交流的机会，通过孩子之间的相互学习、相互帮助、合作分享、相互竞争等，培养孩子间深厚的亲情，从而使两个孩子的感情需要得到充分的满足，最大限度降低因父母精力不足带来的不利影响。

多对孩子进行爱的教育

二胎父母一定要弄清一个道理：你生两个孩子的目的，不单单是为他们彼此找个伴，而是让他们手足情深，将来互相扶持，所以教会孩子分享和友爱至关重要。在给予孩子爱的同时，父母要引导孩子站在他人的立场上，从他人的角度去思考问题，设身处地想他人之所想，急他人之所急，乐他人之所乐。对爱自己的人产生感激之情和回报之心，学着用力所能及的方式关心别人。

父母需不断提升自身素质

父母如何才算爱孩子？现在许多人已经认识到，爱孩子就是给孩子好的教育。而这种教育不是别的，就是父母本身。父母是孩子的第一任老师，你的理念、身份、地位或文化程度的差别，教育手段的差别，决定你给孩子的到底是不是好的教育。因此，父母需不断提升自身素质，在各个方面做好孩子的榜样，做到言传身教——这是最直接有效的"教材"。

比如，你希望孩子具有善良、正直、勇敢、诚实、自信的品质，那么在日常生活中，你就要严格要求自己，不断提升自身素质，善待他人，尊敬长辈，诚实守信，帮助别人……通过自己的言传身教，用自己的行动做表率，做孩子的榜样，去影响、教育孩子。

这个世界上，任何一项知识和技能都不可能凭空而来，都是需要慢慢学习和积累的。总之，生育二胎不简单，教育二胎当谨慎。给孩子最好的礼物，不是一口一口地喂他们吃饭，而是要他们学会用脚走自己的路。给孩子的爱，不是关心他们是否吃饱穿暖，更重要的是满足他们内心的需求与渴望。

两个宝贝怎么教，夫妻观念要统一

生了二胎之后，苏敏既要照顾两个孩子，又要做好家务工作，精力和时间都面临着很大的考验，经常累得腰酸背痛。为此，她决定尝试一下"放养"教育，比如尽量少控制孩子，少包办代替，少唠叨，让他们有一些自由的空间和自由的时间，让他们自己去经历和体验，但丈夫却不认同这一点。

有一次，苏敏带两个孩子去公园玩耍，回来后给他们接了盆水洗手，结果两个孩子把玩具都放进洗手盆里玩起来。苏敏看孩子们玩得非常开心，就没有阻止，结果丈夫看到后却开始不停地呵斥孩子们："不要把玩具扔水里""不要把袖子弄湿了""你们再这样玩，就把地板全弄湿了"……

两个孩子因为受到爸爸的训斥，大哭起来。爸爸余怒未消，将矛头指向老大："弟弟还小，不懂事，你也跟着瞎玩吗？还不赶紧写作业去。"

苏敏埋怨丈夫："孩子们玩得这么好，又不是什么大事，没必要发脾气。再说了，老大也还只是一个孩子，他愿意玩会就让他玩会，作业一会再写也不迟。"

谁知丈夫怒气更重了："老二还小，可以玩得自由点。老大已经上小学了，不能再玩了。要我说，你根本不会教育孩子。"

苏敏一听也来气了，反驳道："玩，本来就是所有孩子的天性，这么小就用条条框框要求孩子，不让他们快乐地玩耍，他们能健康成长吗？"

因为在孩子教育问题上意见始终不统一，苏敏和丈夫经常吵架，矛盾越来愈深。

父母教育态度不一致的现象十分普遍，这种分歧和冲突往往是导致家庭教育失败的重要原因，也是导致夫妻感情破裂的一大诱因。既然如此，及早了解一些避免因孩子教育问题产生夫妻矛盾的方法就十分重要！只有父母在教育问题上达成共识，步调一致，才能家庭和睦，利于孩子成长！

相信每一位父母都是爱孩子的，之所以在教育孩子时出现不同的态度和理念，是由于夫妻双方来自不同的家庭，有不同的文化背景、不同的成长经历、不同的价值观，对于"爱"的理解不同，投入爱的方式也就不同，彼此又缺乏必要的理解与协调，因此就会各有各的主张。

很明显，这里没有本质上的对立，也没有绝对的对与错。

明白了这一点，接下来就需要在以下几个方面做出努力了。

正视冲突并积极解决问题

在有关孩子的教养问题上，夫妻双方难免有所争执。如果两个人一直僵持不下，认为自己的观点才是对的，甚至演变成单纯争论谁对谁错的问题，那就偏离了教养的主旨，不仅双方没有一个是赢家，而且夹在中间的孩子也可能成为最大的输家，影响孩子以后的人际交往和长大后的家庭生活。

此时，双方一定要管理好自己的情绪，再心平气和地去讨论。千万不能搞一言堂，认为只有自己才是正确的，对方必须听从自己、配合自己。无论什么时候，要想让对方做你的倾听者，接受你的观点、意见和想法等，先要让对方感受到来自你的尊重，而不是强迫对方听自己说什么。

一定要避开孩子单独协调

在教养孩子的问题上，即便夫妻双方已经做了充足的交流，也难免会有一些分歧出现。这些分歧需要进一步讨论，但是应该尽可能不要当着孩子的面争论，因为这会让孩子不知该听爸爸的话，还是该遵守妈妈的规定，就会像墙头草一样无所适从，完全失去了方向。有些孩子还会因此产生罪恶感，认为爸爸妈妈的吵架全是因为自己而起，造成心理负担，影响性格发育。

出现分歧的时候，心中默念着："暂停！暂停！"做一做深呼吸，提醒自己保持清醒的头脑；或者尽量及时离开现场，"这个问题我需要好好想想，一会再谈"；或者学着退让一步，"虽然我们的想法不同，但你说得有一定的道理。"……相比而言，这远比当着孩子的面争个高下，对孩子的伤害要小。

努力建立一致的教养观

任何知识都是需要学习的，教育也是一样。当夫妻之间出现意见分歧时，要把所有的方式方法都摆到桌面上来讨论，及时发掘问题的所在，权衡各种方法的利弊，制定出一套你们两人都能够接受并同意执行的方法，然后再以一致的态度去面对孩子。试用几个星期后，如果这套方法你们都不满意，那就要准备调整或重新采取新的方法。

例如，孩子们到了睡觉时间仍不肯就寝，这时妈妈可能一直催着孩子去睡觉，但爸爸和孩子们的玩兴正浓，怎么也不肯去睡。这时妈妈最合适的做法不是指责丈夫和孩子们，而应该和丈夫好好谈谈，孩子究竟几点睡觉、几点起床等问题，并适当引用一些"早睡早起"等科学的说法做辅证。

当你们彼此达成共识，形成了相同的教养态度后，不但可以避免一些没有必要的冲突，也有利于更深入、更广泛地了解教育理念，进而找到对孩子最有利的教育方法。同时孩子也会觉得这个家庭无比温暖，能给他充足的安全感。

修复不良的夫妻关系

还有一种情况是，有些不同的教养观，完全是由夫妻关系差所引起的。有些父母会通过孩子听谁的衡量自身的家庭地位，或者干脆将子女问题演变成发泄对另一半的不满，只不过是找理由借题发挥而已。所以如果夫妻经常为孩子的教养问题而起争执，那么不妨先试着跳出来，对自己的婚姻关系来一个全面而彻底的检测，如果发现夫妻关系出现问题，及时进行调适和改善，进而化解经常出现的育儿争执。

教育是每个家庭都必须要面对的问题，二孩教育更是一种严峻的考验，只有父母二人同心一致，消除矛盾和分歧，才能在良好温馨的家庭氛围下，给孩子带来利好的教育！

教育不可复制，不要照搬老大养老二

明萱一直希望儿子能成为一名懂礼貌、明事理的小绅士，为此她一直在不断地努力着。自小，她就要求儿子规规矩矩做事，站有站相，坐有坐相，学就是学，玩就是玩，要学会安下心来做某件事。比如吃饭，不仅要限定时间内吃好，而且还必须坐端正，一心一意吃饭。在生活中，她和儿子都尽可能用"请""好吗""谢谢""对不起"这样的言语来交流。儿子不负期望，稳重、懂事、有礼貌，当越来越多的人对儿子投来了赞赏的目光时，明萱很庆幸自己所做的努力没有白费。

有了二胎之后，明萱自认为自己已经是过来人，而且第一胎养育得非常成功，于是将这些经验照搬转移，却发现根本不奏效。老二特别调皮，不管什么乱七八糟的东西都要去碰一下，除了睡觉时安静之外，一刻也停不下来。吃饭时也总是玩会儿这个玩儿会那个，一会儿拿着挖土机玩具挖土，一会儿拿着水枪滋水，屁股简直就不沾凳子。

"你要向哥哥学习，"明萱再三强调，"这么淘气，没人喜欢。"

明萱将老二按在凳子上，要求他坐好吃饭，却惹来了一顿哭闹。

明萱让老二学着说"请""好吗"，他却故意嘟着嘴，置之不理。

"为什么同样的教育方式，我家老大成长得很好，从不要我操心，老二却让我苦恼不已，孩子的差异为什么那么大？"明萱百思不得其解。

每位父母，都是从养育老大开始学做爸爸妈妈的。在现实生活中，很多父母在打算生二宝之前，想法也可能跟明萱一样，认为有了教育大宝的经验，就可以将这种教育方法直接复制到二宝的身上。却发现，原本成功的教育方式不管用了，而且很容易矫枉过正，激发孩子的愤怒、抵触、叛逆等情绪。

为什么老二不如老大？其实父母真应该好好想想为什么。别总把责任推给孩子，孩子只是一张白纸，你怎么画，他就什么样。

经验是可以借鉴的，教育却不可复制，因为每个孩子都有自己的个性、气质，即使是兄弟姐妹，也常会出现个性迥异的情况。所以，养育孩子除了某些硬知识，如生理发育、健康方面的科学知识之外，几乎没有多少经验可以照搬。而且，任何教养方式都没有标准答案，绝对不能照搬照抄。

我们能从孩子身上学习到很多东西，父母是和孩子一起成长的，多一个孩子，其实是给我们多一个成长的机会。每个孩子都是全新的养育体验，教育孩子不能想当然，而要根据孩子自身的实际情况考虑。

所以，即便是第二个孩子，父母也不能"坐享其成"，而要有意识地持续学习，争取做更合格的父母。这里的关键是父母需要用心了解孩子，充分尊重孩子，赋予孩子自由选择的权利，这样的家庭教育才是一种良性状态。而在这样的家庭教育下，你只需在必要的情况下根据孩子的变化做些方法上的调整。

尤其是两个孩子相差年龄较大的话，两个孩子所处的环境、时代等等都不同了，那些经验也可能已经落后。以早已过时的经验对待二宝，二宝又如何会伟大杰出呢？

例如，传统的育儿经验认为孩子越早把尿越好，可以从小养成定时排尿的习惯。小时候不把尿，长大了容易尿床。小时候，孩子更不能使用纸尿裤，容易红屁股等。但事实证明，给婴儿把尿并不是一件好事，既不利于孩子排便意识的形成，也容易造成婴儿脱肛、肛裂等现象。而且，孩子一岁半以前，使用纸尿裤是非常不错的选择，干爽又方便。一岁半以后，孩子的肌肉、神经有了一定发育，加之也能听懂大人的指示了，再开始对孩子进行坐便训练，才是最科学的做法。

给二宝最好的爱，就是以二宝的健康成长为出发点，学习用正确的、科学的教育理念和方法取代过去从生活中积累下来的落后的、陈旧的理念和方法，并且为这个生命成长的过程提供他所需要的东西。这样，二宝才能受到更好的教育，学会更多的技能，日后能够更好地适应生存环境。

"老大照书养，老二照猪养"，此话当真？

　　林夏生完大宝之后整天忙得不可开交，她买了很多育儿书，怎么搭辅食，怎么开发智力，怎么应对孩子的各种敏感期，自己都快成半个育儿专家了，连和朋友聚会的时间都没有。大宝身体有个风吹草动，她更是紧张得不行，连续熬两夜的经历也不少见，累的真是旁人看着都觉得可怜。可是现在倒好，她自己一个人带着二宝，还要操持家中家务，居然还有闲时间约朋友们一起吃饭。

　　有朋友感到很奇怪，便问林夏："你养老二的画风和养老大完全不一样啊！"

　　"对，对，"林夏笑着解释说，"岁数大了，懒得费那么多精力管了。老大那会儿，还能照书养；老二？照猪养差不多。水放在他可以拿到的地方，渴了就自己去喝，扔一堆玩具，让他自己随便玩。老大学走路时我还扶着他，到了老二，不管他，自己爬着爬着就会走了。我更没有刻意地教过老二说话、认字，让他跟着哥哥混日子，不知不觉就都学会了。树大自然直，由着自己发展吧。"

　　"老大照书养，老二照猪养。"要二胎之前，很多父母在第一次听说这句话的时候，都表示难以置信："我不会的，我肯定对两个孩子一样尽心。""怎么可能？！老大老二肯定得是一个标准！"但仔细想想，有时候真的是这样——带大宝时能有多精细就有多精细，带二宝时则完全糙养。

怀大宝的时候没有经验，平常做什么事都小心翼翼。为了能生出健康宝宝，一切不利于胎儿的举动都离得远远的，严格制定每日餐标，按照计划补充营养，胎教一天不落，产检一次不落，还买了无数本育儿书刊挑灯夜读，恨不得把所有的知识给背下来，了解一切可能出现的问题。

怀二宝的时候就不一样了，不再像初次怀孕时一样蹑手蹑脚，往往更大胆，心情也更加放松，随心而为，毫不忌口；书刊手中过，转头身后扔；今天的胎教，忘了就算了吧。就算是孕期必做的产检，有时候都懒得去了。

大宝出生后，玩具、婴儿车、衣服等，统统选择最好的。严格参照书上和医生说的，照顾大宝的衣食住行，唯恐有点小失误。时刻关注大宝生长状况，长得稍微慢点都着急的不行。整日紧盯着孩子的一举一动，生怕这磕着、那碰着了，恨不得把他拴在自己身边，哪都不让去；大宝有点小异常就心惊胆战，全家人跟着忙碌起来。

老二出生后，衣服穿哥哥的，玩具玩姐姐的。9个月还没出牙？没事，晚点也不影响什么。今天给宝宝吃什么？没想好，算了，就和昨天一样吧。只要他身体健康，身高体重在平均线左右就没关系！看他在地上摸爬滚打，只要保证安全，就随他去。孩子磕着了，不怕，用嘴吹吹就没事了。

……

看完，是不是有点心疼老二呢？

其实妈妈给每个孩子的爱都是一样多的，只不过因为头胎没经验，什么都要小心谨慎。带二宝时相对有了经验，心态也会更轻松，但是我们切不可盲目迷信"老大照书养，老二照猪养"的方法，因为每一个孩子都是上天赐予父母的"礼物"，教育中稍有不慎，就可能影响孩子一生。

有一个女孩两岁半了，按说这个年龄段的孩子已经会说基本语言，可是她却什么都不会说，除了简单的"爸爸""妈妈"。这位妈妈却不以为然，认为孩子说得晚没关系。后来在朋友的建议下，这位妈妈才带着孩子到医院检查。经过一系列检查，女孩各方面的发育都正常，这是怎么回事呢？

医生问这位妈妈："你平时是怎么和孩子沟通的？"

"我还需要和她沟通吗？"妈妈反问道，"我每天需要上班、做家务、照顾两个宝宝等，身心俱累，几乎和她没有任何沟通。等她大些了，自然就会说了。"

原因就在此，这位妈妈的教育太放任了，没有在语言发育期开发孩子的语言能力。

照"猪"养的孩子就像一个无人管理的小树苗，没有主人的精心呵护，树苗是很难长成参天大树的。除了给孩子提供物质上的供给外，父母其实更重要的是在教育、学业等各方面帮助孩子更快更准确地步入正轨。显然，"当猪养"的孩子很难竞争得过那些被父母精心养育出来的孩子。

何况，当父母们在"当猪养"二宝时，有考虑过二宝心里的感受吗？当二宝看到大宝的各种生活用品都是精挑细选的，自己用的却是二手货、路边摊；当二宝得知大宝上过昂贵的早教课，而自己只能在家里一边玩一边探索，心里会怎么想？在双宝家庭里，"不患寡而患不均"，父母应当时刻牢记。

因此，养二胎时即便在心理重视程度上会略差于头胎，也绝对不能照"猪"养，而要科学养。在孩子关键的年龄阶段，要给予科学的教育方法，做好孩子的潜能开发，抓住孩子成长的契机，把最好的教育送给孩子。

大宝教得不理想，二宝教育勿偏激

雯雯是一名护士，上中班晚班都是常事，而她老公自己开着一家公司，一天到晚忙得屁股能着火。雯雯休完产假就开始上班，儿子则由一位保姆阿姨看护，保姆阿姨没什么文化，也不会教育，从小就让孩子看电视，别磕着碰着就行。久而久之，孩子天天只知道玩，学习起来非常吃力，经常拖整个班级的后腿。这让雯雯夫妇经常觉得抬不起头，干脆把扬眉吐气的希望寄托在二胎上面。

雯雯很后悔自己当初对孩子撒手不管，生下二胎女儿后，毅然辞职做起了全职太太，而且衣食住行，点点滴滴无一不花心思在女儿身上。

女儿1岁时开始上亲子课，每天半天；

3岁入幼儿园，让女儿开始同时学英语、钢琴、跆拳道、美术，天天像赶场一样；

6岁上了学前班，雯雯已经带着女儿把小学一年级的语文、数学学了个遍；

7岁入小学，雯雯一心想让女儿考出好成绩，便买了厚厚一叠练习册，每天放学后除了完成课后作业，还要再做一小时的额外练习。

……

当然，这个可怜的孩子，天天被课业压得连玩耍的时间都没有了。雯雯为女儿花费了大量的时间和金钱，每天就就业业督促女儿学习，结果发现，女儿虽然成绩比儿子好，但比儿子更令自己头疼，在家里经常不和自己说话，一个人闷在自己的屋子里。要么说上三句话就像个炮筒，总是无缘无故地发脾气。

雯雯惊诧莫名："我对女儿这么好，为什么她会这样？真是气死我了！"

雯雯的女儿变成这个样子，都是她自己一手造成的！真相是如此残酷。

每个做父母都望子成龙，望女成凤，但大宝教得不理想，二宝教育勿偏激，尤其是不要以"期望"的名义给二宝无形的压力，对二宝的期望值过高。因为对孩子寄予过高的期望，只能让孩子背负沉重而迈不动脚步，导致孩子面临巨大的精神压力，甚至引发焦虑心态、性格畸形、心理疾病等。

正如雯雯，眼见儿子因为父母疏于管理而成绩糟糕，便将女儿的时间安排得满满的，无休止地要求孩子学这个学那个，学习几乎占去了孩子所有时间，她失去了一个儿童所应该享有的天真和无忧无虑的生活。这样的孩子，内心怎么会快乐呢？换位思考一下，如果有人天天这样要求你做这做那，你是什么感受？

这，不能不让做父母的深思！

既然如此，父母干脆就不要对孩子有任何期望了？当然，这也是一种极端。其实，当发现大宝教育得不理想时，父母最应该做的是能够反思之前的教育行为，发现不足和缺点，根据经验和教训，再对二宝提出一定的期望。期望要有度，要合理；对孩子，不要逼迫，要多沟通，多排解压力。

期望要建立在现实情况的基础上

作为父母，给孩子提要求是必要的，因为孩子的自我约束能力差，需要有人帮他树立目标并促其前进。但是，这种要求和期望应该现实一些，依照孩子的能力和年龄等做合理的期望。也就是说，在对孩子有所期望时，父母不可仅仅按照自己的意愿对孩子建立期望，而是要考虑是否适合孩子自身的发展水平。

在教育心理学中，我们常常听到一个词，叫"合理期待值"，即强调每一个年龄段的孩子都会有生理的和心理的特征和局限性。只有符合孩子生理和心理水平的期待，才能说是合理的、科学的。一般而言，给孩子树立一个"跳一跳就能够得到"的期望目标是最合适的，能有效地激励孩子。

孩子真正需要的是鼓励和引导

望子成龙望女成凤是人之常情，但是父母最好不要为了让孩子实现目标而转移自己的生活重心。在孩子的人生道路上，父母始终起到的是辅助作用，有些父母却把自己的存在价值作为筹码压在孩子身上，比如为了孩子辞职陪读、花大笔钱财为孩子找老师……仿佛活着的意义就是为了孩子，对孩子来说这反而是一种压力和负担，无论如何他们也承受不起。你付出越多，他们越反感。

在孩子实现目标的过程中，父母只要及时地鼓励和引导，就可以了。

及时调整对孩子的期望值

孩子是在一天天不断发展变化的，孩子实现期望的过程也是一个动态而变化的过程。所以，根据孩子自身的实际情况，及时调整对孩子的期望值是非常必要的。例如，当孩子通过努力已经实现了一定的期望，或者发现当初的目标定得过低时，父母要及时地从心态上调高期望值，如此便能持续性地激励孩子。如果发现孩子努力之后并不理想，或者发现当初的目标定得过高，父母要及时地从心态上调低期望值，并暗示孩子"可以退而求其次"，让孩子更加快乐、自由发展。

无论大宝，还是二宝，教育应该是合情合理的。大宝教得不理想，二宝教育勿偏激。只有父母给孩子正确的期望，孩子才有可能在成长中获得成就感，成为一个能够自我接纳的人，从而缔造一种双赢的亲子关系。

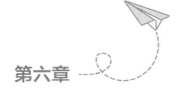

第六章

给予平等的爱
二孩时代，孩子最需要的是公平

如果你自觉不能给两个孩子平等的爱，不如不生。如果你已经有了两个宝宝，请切记原则：平等对待！不要让任何一个孩子感觉到委屈，受到伤害。

信任、公平、尊重——好爸妈的三个必备技能

她是一位长着红头发的长公主，但她的样貌丑陋，头部出奇的硕大。在庄重的加冕典礼上，她将皇冠一次次放到头上，却怎么也带不上，最后居然把皇冠撑坏了，引起了全场哄堂大笑。暴躁的长公主顿时怒不可遏，扬言要报复这些嘲笑自己的人。她愤怒的样子简直就像一个小丑，衬托得一旁的金发妹妹更加端庄高贵。羞愤之下，父亲当场宣布取消她的王位继承权，并决定将王位传于小女儿。

自此，长公主开始了对诸人残忍的报复。

可是，长公主天生就是这样丑陋而残暴吗？不是！这可谓是一个果塔引发的血案！

数年前，两位公主都十分美丽乖巧，经常手拉手一起玩耍。有一天，妈妈发现宫殿里的果塔不见了，就询问两姐妹，后来在姐姐床下发现了果塔屑，这实际上是小公主偷吃的，但是小公主不肯承认，母亲不由分说地将长公主责骂了一顿。倍感受伤的长公主跌跌撞撞跑出宫殿，结果头部被撞伤，因此头部变大。

妹妹的谎言，母亲的误会，日复一日变大的头颅和丑陋的面貌，让长公主感到内心苦闷不已，且无力排解，于是性情日益变得偏激、暴戾。

这是电影《爱丽丝梦游仙境2：镜中奇遇记》的故事，剧中外表疯狂的红皇后

因为母亲的不信任造成了童年阴影，乃至选择了错误人生。

　　纵观我们四周，有不少像长公主一样的孩子，这些孩子通常在学习和人际交往上都有各种问题，厌学、偏激、易怒、敏感等。他们是天生如此吗？不，每个孩子都是天使，只是在成长中失去了翅膀——父母常常忽视孩子的感受和情感需求，总以大人的思维要求孩子："你这样不行！""我说的话没错，你得听我的！""不听老人言，吃亏在眼前。"……甚至，不由分说粗暴地对待孩子。

　　有一个不爱学习、爱打架的孩子说道："无论我做什么、说什么都会被妈妈习惯性地怀疑，有一次老师在学校表扬了我，我激动地告诉她，你猜她怎么说？她说'老师还会表扬你？你没有姐姐成绩好，也没有弟弟听话，老师表扬你什么？'"就这样，母子之间信任的大门被妈妈的几句话硬生生地关上了。

　　二孩时代，什么最重要？——良好的亲子关系。

　　良好的亲子关系绝不是让孩子唯命是从，更不是让孩子对父母有恐惧心理，而是互相信任、公平友爱、彼此尊重。有了信任，孩子才能安心地和父母述说心事；有了公平，孩子才会心无芥蒂地向父母求助；有了尊重，让孩子感受到你的诚意，他们就越把你的话放在心里，并且化为向上的动力。

　　由此可见，信任、公平、尊重，是创造良好亲子关系的关键，是好爸妈的必备技能。

信任是给孩子最好的爱的诠释

　　信任，是人与人之间最基本的感情之一。每个人都希望能够被充分信任，这种感觉会让人相当自信，浑身充满力量，有很强的动力去主动寻求解决问题的办法，孩子更是如此。作为父母，我们要多向孩子传递信任的信息："我相信你是个有能力的人""我认为你可以做好这件事"，等等。

　　要信任孩子，而不是质疑孩子，尤其是在是非不明、真假未辨的情况下，更不能图一时口快，对孩子妄加怀疑！比如，当孩子出现问题时，许多父母通常会气急败坏地责问："这究竟怎么回事？"此时，孩子们很有可能因为怕挨骂或挨打而说谎。此时不妨注视着孩子的眼睛，心平气和地进行询问。无论大宝还是二宝，如果孩子承认错误或请求原谅，应先表扬他的诚实，然后再适当地批评。

不偏不倚地对待每个孩子

当两个孩子和父母共处的时候，父母要做的法则就是要尽可能地做到公平。父母不可因为孩子的年龄、性别而有所区别对待。"你是哥哥，让着妹妹！""你看弟弟多听话！""妹妹嘴巴甜，更招人喜爱。"……这些看似普通的口头禅都带有"不公平"的导向，会无意间伤害孩子，时间久了就会造成孩子对父母的疏离，对兄弟姐妹的亲情疏离，所以一定要尽量避免出现。

《爸爸去哪儿5》中，带了一双儿女的吴尊大展带娃功力，虽然是二孩家庭，但7岁的Neinei和Max姐弟俩的感情相当融洽，二孩家庭中常见的孩子间的矛盾完全看不见。这样温馨快乐的家庭氛围，令许多人羡慕不已，莫非是吴尊有什么独特带娃技巧？相信了解吴尊的人会知道，那就是公平。

虽然两个孩子性格不同，一个活泼，一个腼腆，但吴尊能周全地照顾每个孩子的感受。他会和两个孩子一起睡在大床上，一手抱着一个孩子，相拥着给他们读故事；姐弟的生日前后两天相连，作为爸爸的他不曾厚此薄彼，两个孩子的生日都很用心地庆祝；亲自上阵，手把手带着孩子学游泳，一双儿女的游泳技能都是他教会的；他不会说谁比谁更听话、更乖，而是时刻提醒两个孩子"你们都很棒"……

和谐的要点就是公平，就是要做到"雨露均沾"。

给予两个孩子平等的尊重

每个人都渴望得到他人的尊重，都有强烈的自尊心。在父母眼里，孩子总是看起来大大咧咧、对很多事情满不在乎，可是孩子再小，也有自尊。父母一定要给予孩子充分的尊重，理解孩子的愿望和想法，在一言一行中表达对孩子的爱。让孩子意识到所有兄弟姐妹是平等的，没有高低贵贱之分。

比如，不管是老大还是老二，只要原本是属于他的东西，不管是好吃的、好玩的，还是其他东西，他都有权力决定如何进行支配。如果他强烈拒绝与人分享，那么父母就要尊重孩子的想法，千万不能过度干预，甚至强硬地要求必须进行分享，这是对孩子的严重不尊重，只会让孩子变得更加自私和叛逆。

在爱的引导下，当父母把信任、公平和尊重给予孩子，他们才可能成为一个具备极大发展可能性的"人"。

给两个孩子公平的对待很难吗？不难

硕硕很喜欢画画，这天他刚刚画了一辆汽车，正得意洋洋地欣赏着。突然，妹妹玥玥伸手拿了他的画，硕硕一把将画抓回自己手上，动手打了妹妹一下。身边的妈妈看见了，说了一声："硕硕，不可以这样。"硕硕倒吸了一口气，哭了起来。

妈妈问："你哭什么？"

硕硕怯怯地说："你们总是替玥玥说话，不公平。"

妈妈一震，她自觉对两个孩子很公正，压住心里的一丝不悦，她问："哦，你感觉不公平的地方有哪些？可以平静地说一说吗？"

硕硕说了三件事，越说越平静，他说："我要拿玥玥手上的东西都要先问过她，而她却从不用问我。我俩吵架的时候，你们总是说我，对她就轻轻说几句。还有，今天早上在这里吃蛋糕的时候，玥玥吃了两块，我只吃了一块。"

听完这三件事，妈妈有些目瞪口呆，无言以对。之前，妈妈教过玥玥，拿哥哥的东西要问过哥哥，只是她一直没有学会。而且，妈妈一直认为这是很小的事情，硕硕总是发火，有些小题大做。另外，吃蛋糕的事情她忘记了，早上她端出来一个蛋糕，至于两个孩子究竟吃了多少，说实话她没有留意。

"为什么这么小的事情，孩子也能扯到公不公平上？"妈妈陷入了沉思之中。

在面对孩子时，父母都希望做到一视同仁，不偏心任何一个。但很多时候，明明已经很尽力去做到公平了，但还是能听到孩子抗议的声音"你就是喜欢妹妹""凭什么每次都带哥哥出去"，或者干脆来一句"你们一点儿都不公平"。于是，很多人开始抱怨，公平说起来简单，做到却并不容易。

给两个孩子公平的对待很难吗？当然难，因为每个孩子心里都有自己的一杆秤。

那是不是意味着父母难以做到公平，也不是，因为公平也是有方法可循的。父母们只要抓住关键的几点，终究是能实现公平这个崇高目标的。

爱是不讲任何条件的养育

美国著名电影《寻梦环球记》中有这样一个情节，米格因为偷吉他被诅咒来到亡灵国度，只有得到至亲之人的祝福他才可以回到尘世。米格找到了曾曾祖母伊梅尔达，在三次不同的时刻，伊梅尔达分别给米格送上了三次不同的祝福。第一次，伊梅尔达要求米格绝对不能喜欢音乐，米格拒绝了。第二次，伊梅尔达要求米格把大家的照片放回灵台，永远不要忘记自己，结果被突然出现的德拉库鲁兹打断。经过一系列的冒险，第三次，伊梅尔达说："我们把祝福送给你，没有任何条件。"

伊梅尔达的这三句祝福值得做父母的深思，许多父母都知道应该公平对待每一个孩子，但是每个孩子的表现总是影响着我们对待他们的态度，谁不喜欢乖巧成绩好的孩子？请注意，这是有条件的爱，孩子只有在做到父母期望的事或者是达到了父母所规定的某些标准之后才可以得到的爱。而真正的爱应该是不讲任何条件的养育，无论孩子做了什么，无论他们成功与否，无论他们是否乖巧，无论如何，都应毫无保留地给予他们爱，并且不需要任何意义上的回报。

对待两个孩子的标准要一致，力戒有条件的爱，避免感情用事，不要让孩子感觉到父母的爱是有条件和等级的，父母的爱是稳固、安全而持久的，这才能真正把一碗水端平。

公平不是嘴上说，而要用行动体现

父母不要只在口头上说"爱是公平的"，而应通过具体的行动去呈现。

比如，两个孩子发生矛盾时，父母不要只是口头上说要公平处理，而要保持公正温和的态度，不断给予有效的分析，然后让他们各自向对方道歉，有时让大宝先向二宝道歉，有时让二宝先向大宝道歉，让孩子充分理解家庭中"情""理""法"的特点，两个孩子总能在最后恢复冷静，重归于好。

再比如，当一个孩子犯错的时候，谁有错就罚谁，不能连带处罚。有的父母为了体现公平对待，为了让孩子相互监督，一人犯错两人受罚，但是这样的处罚方式本来就不公平，没有做错事的人，为什么要接受处罚呢？这只会导致孩子埋怨害自己受罚的兄弟姐妹，也就更认为父母不公平。

注意小细节，尽可能做到公平

有些父母常常忽略一些零碎小事，但对孩子来说，这就是重大事件——攸关手足间平等感受与确信被爱的重大事件。正如硕硕说的三件小事，之前妈妈觉得无须过于在意，但孩子在意的，确实就是这些细小的事。

明白孩子在意的点后，我们平时要多注意小细节。比如在跟孩子说话时，有时候先叫大宝再叫二宝，有时候先叫二宝再叫大宝。赞美孩子也要做到平等，最好做到两个都夸赞。不能只夸奖一个孩子，而忽略了另一个孩子。

引导孩子说出对公平的想法

当孩子抱怨你不公平时，也代表着他们逐渐长大懂事了，这时可以试着引导孩子说出心中认为父母应该怎么做才叫公平。父母要认真地倾听孩子的想法，给予他正面的肯定和积极的反馈，审视自己的教育方式是不是有需要改进的地方，及时地找到问题的根源，以及表达"爸妈愿意为你改变"的意愿。如此，孩子自然会感受到父母的用心和关爱，由于不公平所感受到的情绪自然得以缓解和消除。

只有父母做了这样的努力和决策，才能让每个孩子都能享有公平而有质量的教育。

没有绝对的公平，灵活缔造相对的公平

某日，一位妈妈带着两个儿子去动物园玩耍，其间妈妈用身上仅有的几块现金买了一大杯草莓奶昔。因为担心8岁的哥哥会多喝而不公平，妈妈就让店员提供了两个一模一样的杯子，然后将奶昔平分为两杯。妈妈拿着两个杯子反复比较了几次，认为自己已经分得很平均了，可是两个孩子却拿着杯子左瞧瞧，右瞧瞧，他们嘴里喝着奶昔，心里却嘀咕着，"哥哥/弟弟那杯会不会更多一些？"

很显然，这位妈妈在尽力维护着兄弟俩的公平，力争平等地对待两个孩子。但这样看似公平的分配，兄弟两个满足了吗？没有！他们在比较到底谁得到的更多，两个孩子并没有完全相信妈妈真的是公平的。

在对两个孩子的教育过程中，父母最担心的一个问题就是偏心，因为不管父母偏向哪一方，都会使另一方的心理失衡，使孩子之间产生矛盾。为了让孩子们感受到父母对他们的爱是同等的，父母不会偏心任何一个孩子，于是凡事都讲究一分为二，极力做到一碗水端平，给他们买一样的衣服、一样的鞋子、一样的玩具，买来的水果也要一边一颗平均分配好，大小胖瘦也要平均分配。

但是一切平均分配，就是公平的体现了吗？错，就像开头的兄弟俩，他们都没

有完全相信妈妈是公平的。为什么会出现这种结果？这需要我们先了解，孩子要的到底是什么呢？是一杯草莓奶昔的1/2吗？是一模一样的玩具吗？当然不是，他们更想要的是看爸爸妈妈到底爱谁多一点。

由于年龄和认知的限制，许多孩子并不能真正理解公平的意义，对于深爱父母的他们来说，父母是否公平地爱自己和兄弟姐妹也不重要。他们所在意的是，自己是不是父母最爱的孩子，父母是否还像以前一样爱自己。只有当每一个孩子都拥有父母唯一的爱时，他们才会爱父母、爱兄弟姐妹。

公平是一种很个人化，选择性很强的想法——对一个人公平的事情，在另一个人看来可能就很不公平。光把一碗水端平还不够，父母越是努力做到公平，孩子就越会在公平问题上小题大做。所以，没有绝对的公平，灵活缔造相对的公平才行，也就是说公平应该是动态的，根据实际情况来分配。

比如，在分配面包片时，假如你面对的是一个6岁和一个3岁的孩子，那么将面包一分为二进行分配公平吗？这显然是不太理想的，如果你给6岁的孩子分2片，给3岁的孩子1片，表面看起来虽然不是均等的公平，但却是最理想的公平，因为这样的分配正好与孩子们的食量相当。

除了这些日常分配之外，许多妈妈经常遇到的一个问题是，两个孩子都恨不得尽可能多地霸占妈妈。但在有限的时间里，无论你怎么做，怎么努力，都不可能让两个孩子全满意！怎么办？其实，时间根本不是重点，重点是某段时间里，你能否让孩子体会到100%被疼爱、被关注的感觉。

每一个孩子都渴望拥有独立的亲子关系，也就是说，对于老大来说，他和妈妈的关系就是属于他自己的，他和爸爸的关系也属于他自己。对于老二来说，他和妈妈的关系也属于他自己，他和爸爸的关系也属于他自己，孩子们都渴望和爸爸妈妈单独相处的时间，这会让他们内心有安全感和归属感。

为此，我们不妨趁一个孩子睡觉时，好好和另一个玩玩游戏、聊聊天。或者，你们规定晚上七点到八点，对于老大来说是妈妈时间，对于老二来说就是爸爸时间，每一对父母拆开来，一个人陪伴一个孩子。哪怕我们每天留10分钟与孩子单独相处，把自己完全交给孩子，做什么都可以，发自内心地享受和他在一起的乐趣，都可以让孩子感受到父母在某时某刻是完完全全属于自己的。

每个孩子的心理需求都各有不同。因此，即使父母基本做到了形式上的公平，在一些孩子的眼里还是会存有不公平。

因此，除了给每个孩子安排一些单独相处的时间，我们还要根据孩子的不同年龄、爱好等，去找属于他的那个独特的点，制造出这样一种感觉："有些事情，我喜欢和你一起做，一起享受其中的乐趣。"这种独一无二的感觉，会让孩子体会到"妈妈爱我""我在妈妈心目中很特别"，自然也就不会怀疑父母是否偏心了。

比如，在和大宝一起阅读绘本时，你可以趁机说："弟弟还太小，听不懂这些有趣的故事。你知道吗？和你一起读故事是妈妈最大的享受。"又比如，你可以跟女儿说："和你一起打扮芭比娃娃有趣极了，哥哥体会不到这种乐趣太可惜了！"……

如果你是那个孩子，当受到父母这样的对待时，你会是怎样的心情？相信，你会完全放下那些委屈，那些因为弟弟妹妹的存在而给你带来的压力，从而完完全全地享受父母带来的快乐，享受亲密无间的手足之情。

是的，灵活的公平可以满足每个孩子的需要，化解孩子们心中产生的不平衡，他们之间的竞争意识和紧张形势自然会得到缓解。

每个孩子都疼爱，每个孩子也都会笼络

　　高明是某货运公司的一位经理，这天他接到一个紧急的任务：一位重要客户要求他将一批货物搬运到码头上去，而且必须在半天内完成。时间紧，任务重，手下只有几个伙计，怎么办？给几个伙计下死任务，硬逼着他们完成？这不仅容易激起伙计们的怨恨，还可能导致罢工。怎么办？高明自有妙计！

　　这天一早，高明亲自下厨给伙计们做饭。开饭时，他又给伙计们把饭盛好，还亲手捧到每个人手里。伙计小甲接过饭碗后，正要用筷子往嘴里扒饭，突然闻到一股诱人的红烧肉香味，他用筷子悄悄扒开米饭，当即发现三块油光发亮的红烧肉。小甲立时扭过身，一声不吭地吃起来，一边吃一边想"经理这样看得起我，今天干活时可要多出点力"，一开工他就把货物装得满满的，一趟又一趟，来回飞奔着……

　　整个上午，其他伙计也都一样卖力，个个汗流浃背也不说累。结果，原本需要一天才能干完的活，一上午就干完了。

　　小甲偷偷地问同事小田："你今天怎么这么卖力？"

　　小田反问："你不也干得起劲嘛？"

　　小甲说："不瞒你说，早上吃饭的时候，经理在我碗底塞了三块红烧肉！他对我这么关照，我总不能让他失望啊！"

"啊，我的碗底也有三块红烧肉，"小田说，"今天所有人都干得比平时卖力，莫非……"

于是，两人又问了其他伙计，这才知道原来经理在大家碗里都放了肉。难怪吃早饭时，大家都不声不响地吃得那么香。

为什么要单独在每个伙计碗底放红烧肉，而不是端在桌子上大家共分享？"那样大家可能就不会如此卖力了。"高明解释说。

从这个故事中，我们可以看出高明很会笼络伙计，他让每个伙计都感到这份激励只是针对自己，每个人都会因此而产生一种"经理这样看得起我，今天干活时可要多出点力"的自豪感和成就感。试想，如果他把红烧肉端在桌子上大家共分享，会是什么结果？肯定也能激励大家，效果却会大打折扣。

同样是几块红烧肉，也同样是几张嘴吃，但分配的方式不同，却产生了不同的效果。同样的道理，父母对孩子的爱也是一样的，表达的方式不一样，就会产生不同的效果。而在这方面，一些父母的做法值得称道。

李柳兄弟姐妹一共四个，她上面有一哥一姐，下面还有个弟弟。小时候，家里条件比较困难，家里如果有什么好吃的，母亲都会当着四个孩子的面，公平进行分配，但这却令四个孩子经常抱怨东西太少，不够吃，进而抱怨父母生得多。而李柳更觉得委屈，认为自己应该算是爹不疼娘不爱的那个孩子。

有一天，母亲把一个烤红薯悄悄塞给李柳说："你快吃吧，家里就这一个，你哥哥、姐姐和弟弟都不知道。"李柳一阵激动，狼吞虎咽地就把那个红薯吃掉了。吃完后感觉很幸福，因为她突然发现母亲原来对自己是最好的。从此以后，她在母亲面前变得越来越乖，心里也一直记着母亲的好。

后来，母亲渐渐老去，兄弟姐妹也都长大了。大家在一起聊天的时候，偶然聊起小时候最喜欢的食物，居然异口同声地说了"烤红薯"。原来，母亲用同样的方法笼络住了每个孩子的心，使每个孩子都觉得自己才是母亲最疼爱的那个，让每个孩子心里都感受到了真正的快乐和幸福。

在这个故事中，我们看到了一位深爱每一个孩子，又十分聪明的母亲。爱，是人心最渴望的情感。每个孩子都希望自己是父母心中最特别、最不同的一个。所以，我们要每个孩子都疼爱，每个孩子也都会笼络。当你学会笼络每个孩子的心时，就会让他们都觉得自己是父母的最爱，无疑将大有益处。

家有二孩的父母，总是会遇见孩子们的追问："妈妈，你最爱谁？"就像全世界的痴男怨女们都喜欢追问"你爱我吗"一样。

这个问题难住了诸多父母，手心手背都是肉，说什么好呢，都爱？可是孩子很反感这种话，更会不依不饶地问。说其中某一个？这肯定是万万不可的。我们不想去伤害任何一个孩子，可有时一碗水很难端平，我们做不到绝对的公平，那么就尽量避免伤害，从孩子不同的闪光点出发。

在这一方面，芭芭拉·M.宙斯的绘本《妈妈，你最爱谁？》是很好的实操：

芭芭拉拥有一对孪生儿子，麦克斯和朱利安，两个小男孩总是卯着一股劲，一较高下，都想成为妈妈眼里最好的那一个。两个小男孩抓虫子，抓完虫子，让妈妈裁决谁抓的最多，妈妈无比平静地回答："麦克斯，你捉的虫子最好看。朱利安，你捉的虫子最肥。"两个孩子又较劲比起了划船："妈妈，我们俩谁划得最好？"妈妈微笑着回答："朱利安，你划得稳。而麦克斯，你划得快。"

孩子们终于问到了这个问题："妈妈，你最爱谁？"

"哦，朱利安，我最爱你的沉静。我爱你，像蜻蜓翅膀尖上那一抹蓝色，像灰熊和蝙蝠出没的山洞深处的颜色。我爱你，像山中的薄雾，像瀑布飞溅的水花，像说悄悄话时的那一份宁静。

"麦克斯，我最爱你的热情。我爱你，像晚霞映照天空的那一片火红，像悄悄穿过丛林的猎豹眼睛的颜色，像夜晚燃烧篝火的颜色。我爱你，像一个大大的拥抱，像湍急的漩涡，像一声洪亮的呼喊。"

看到这些，你是不是也很佩服这位妈妈的智慧。她既没有特别诚实地回答"麦克斯抓的最多，朱利安划船最快"，也没有用"你们都很棒"的话语敷衍孩子们，而是用了些心思，去观察，去分析，然后去表达：你们各有长处，你们是妈妈眼里独一无二的孩子，你们都值得赞美！

　　无论孩子的性格怎样，无论孩子反复确认多少次，有时他们并非想得到一个"我最爱你"的答案，而是希望父母能看到自己的特别之处。而你发自内心的认可，就是对孩子最深刻的爱。面对这样的爱，孩子有什么理由不和你亲近呢？面对这样的爱，一定会让每个孩子都充满信心地成长。

会哭的孩子有奶吃？千万别这样做

阳阳虽然只有5岁，但他就像一个小霸王一样，以自我为中心，想怎么样就怎么样，很难妥协。若父母坚持要阳阳听话，阳阳不是大哭大闹，便是十分生气，让父母伤透了脑筋。比如，外出游玩时，阳阳经常要买一堆玩具，一旦被妈妈拒绝，就会当街大哭、大喊、耍赖近半个小时。

"哎呀！你这是怎么了！"

"妈妈，我要这个玩具，呜呜……"阳阳在玩具柜台前哭闹着。

"不是刚给你买了这几个玩具吗？"妈妈不解地问。

"我还要这个，"阳阳呜咽着说，"给我买。"

"好了，好了，别哭了！把这个也买了吧。"妈妈无可奈何地说。

……

有了妹妹之后，阳阳的脾气更大了，经常和妹妹因为争玩具闹矛盾。没过一会，妹妹就会呜呜哭起来，而阳阳也不甘示弱，总是比妹妹哭得还要大声。而且，他一言不合就大哭大闹，吃饭要哭，睡觉要哭，做作业要哭，不给零食吃也哭，上幼儿园要哭……直到妈妈"投降"为止，才会停止这个"噪音"。

更糟糕的是，妹妹也跟着哥哥变得爱哭闹了，满足不了自己想法时，就会选择用哭表达。

两个孩子，一个哭，一个闹，这种场景令无数父母们崩溃至极。

哭闹是孩子最常用的手段，为了实现自己的要求，为了表达自己的不满，他们会第一时间选择哭泣的方式。这样的孩子也许就在我们身边，就在我们家里，就是我们自己的孩子。为了让孩子停止哭泣，有些父母会失去原则，失去理智，只要孩子不哭，什么条件都能够答应，正可谓"会哭的孩子有奶吃"。

然而，孩子一哭就妥协，对孩子的成长能够带来好处吗？那些会闹腾，会哭闹的孩子，就应该赢得更多的关注吗？实际上，这样只会误导孩子，让孩子觉得不管遇到什么问题，只要一哭或者一闹就能解决，所以不愿意去思考更好的解决办法。久而久之，养成投机取巧，甚至无理取闹的习惯。

家有两宝的父母一定要避开这种误区，以免孩子们一遇到问题，或者有什么需求时，就会比谁哭得更厉害，那就更令你头痛了！

那么当孩子们以哭闹"要挟"父母的时候，父母该怎么科学地处理，并且以后杜绝这样的情况呢？

为此，我们需要遵循三个原则：

原则1：适当满足，适当拒绝

在美国，实验者们做过这样一个实验，其中一组的父母从来不让孩子吃糖，而另外一组父母则适当地给孩子吃糖，控制好量，并不是无节制！后来实验证明，被父母限制不让吃糖的孩子，一旦有机会吃糖，便会不停地吃，没有节制。而另外一组适当吃糖的孩子则会很好地控制自己，吃了几颗以后会自己停下。

实验证明的结果即是，没有得到满足的孩子反而愿望更强烈，不容易自制；而得到适当满足的孩子则不那么渴望，行为得当。

这个不难理解，当个人要求被满足时，无论对谁来说，这都是一件愉悦的事情。当孩子提出的要求并不过分时，父母不妨适当满足孩子，这会让孩子心情更好，更有安全感，便不会以哭闹表达不满的情绪了。

当然，面对孩子的哭闹，父母不能什么都顺从，要分清是不是需要，不合理需求坚决不满足，哪怕是哭。即便孩子哭得再厉害，也不能因为孩子哭闹就满足，一定要让孩子知道，不是想要什么就能得到什么，哭和发脾气并不能解决问题，否则下次遇到同样的情况，他会哭闹得更厉害，持续时间更长。

原则2：先说好，再说不

当然，这个适当的满足也是有技巧的！一定要先跟孩子说好，再说不，先顺应孩子的心理，答应他的小要求，等孩子心情或者状态稳定了，再去商量要怎么做。

对于不同年龄的孩子来说，当自己的需求得不到满足时，他们的表达方式也会有所不同，不过哭闹是孩子表达情绪的常用方式，而且越小的孩子，越会如此，这是一种情绪的释放！因此，我们要先处理孩子的情绪，再处理具体的问题，因为只有孩子的情绪冷静或者稳定下来了，才能更好地提出自己的要求！这样做法的效果在于，孩子因为获得了心理上的满足，接下来就比较容易接受约束！

原则3：不制止，要疏导

当孩子哭闹时，不少父母会着急制止孩子哭闹、耍赖的行为，大喊着"别哭啦！""你别闹了！""赶快给我起来！"孩子却什么也听不进去，更不会照做。因为，你愈说哭，就愈刺激孩子哭。与其马上采取行动，让他觉得"使出这招我妈有反应了，管用"，进而变本加厉，不如就让他哭两声。

在一档亲子节目里，哥哥和妹妹之间发生了一点小摩擦。妹妹想要把凳子拿到其他地方，哥哥却认为不能随意搬动凳子，于是妹妹大哭起来，伤心地哭着说，不想要原谅哥哥。

这时爸爸走了过来，他没有去说服哭泣的女儿，而是严肃地说："那你搬走啊！"

妹妹见爸爸没有帮助自己，继续哭，而爸爸转身做自己的事情去了。

妹妹哭了一会儿，终于平静了下来，又跟着哥哥开始玩耍了。

这时，爸爸走过来，抱着女儿说："你刚才有些小任性，爸爸有一点点失望。"讲述完自己的感受之后，爸爸把两个孩子的手互握在一起说："有一天，我会放开手。但你们不能放，要抓稳。你们都是彼此重要的人，要互相原谅才行。"

让孩子哭一会儿，再处理。很多孩子哭一会儿发现大人没有注意时，也就不哭了。有些父母以为孩子一哭，安全感就会破坏了，孩子就会留下心理阴影。你把孩子想得太脆弱了！孩子又不是窗户纸，一捅就破。一般来说，只要你的情绪坚定平和，孩子哭得再厉害，时间再长，他的安全感都不会被破坏的。

转移注意力，也是一种值得尝试的方法，孩子往往是一碰到开心的事情，马上会忘掉不高兴的事情。带他上街走一走、到邻居家串个门，买点小食品吃一吃，打开电视看一看，就像平时那样自然，然后等孩子安静下来后，耐心向孩子解释拒绝的理由，让他明白"不行"的道理。虽然这种解释孩子不一定听得懂，但至少能让他明白：父母拒绝他是有理由的，会哭的孩子不一定有奶吃。

从这样的过程来看，如果你的孩子遇到问题时，总是喜欢用哭来解决问题，表达情绪，就说明你需要改进自己的教育培养方式了。

别将对大宝的教育缺憾，弥补在二宝身上

徐露和男友相处了三年，两人都想趁年轻奋斗几年，但由于双方年龄大了，父母又不断催婚，两个人便结婚了。但他们是裸婚，没房、没车、没钻戒。婚后一年徐露就生了一个儿子，当时由于经济条件不好，每次给孩子买衣服、买玩具，她都选择最便宜的，而且能少买就少买。有时孩子想吃炸鸡、汉堡，或者说想报钢琴班等，她就会说浪费。徐露心里也觉得对不起儿子，但当时实在没有办法。

经过十多年的努力，徐露一家在城里买了房子，还买了车，于是二胎计划也提上了日程。多年不做新妈妈，徐露看到各种新奇的婴儿用品，二话不说就是买买买，一是家境富足了，不在乎这些钱了；二是一种补偿心理："现在的经济能力好多了，大宝没吃过的，没用过的，要抓住机会让二宝享用。"

就这样，家里的婴儿用品买了一大堆，应有尽有，而且全是价格不菲的大品牌，令十多岁的大宝一脸的美慕嫉妒恨。

"如果我再生一个孩子，我一定如何如何。"这样的话，相信不少妈妈曾经说过，仿佛在第一个孩子身上总结了很多教训，有很多遗憾需要弥补。其实这种"缺憾弥补式"教育，是万万要不得的。

增加一个孩子，可不仅仅是增加一张吃饭的嘴这么简单，更重要的是父母要合理地表达对孩子的爱，让两个孩子健康快乐地成长。将对大宝的教育缺憾，弥补在二宝身上，这对两个孩子而言都是非常不公平的。

无论大宝现在多大年纪，在二宝即将出生的时候，他的内心都会感到失落和苦恼。无节制地满足二宝的话，大宝更会觉得不公平或者备受冷落，人为加重大宝的嫉妒之情，进而可能对父母以及弟弟妹妹产生敌对情绪。

同时，对二宝的特殊待遇，无形中会增加二宝的家庭地位，错误地以为自己才是父母最重要的孩子，自己处于家庭的中心地位，这一切都是自己应得的。日后，一旦这种特殊待遇淡化，或者发现父母同时疼爱大宝，他就会出现懊恼、烦闷情绪，甚至仇视大宝，从而影响两个孩子的关系。

可见，无论对于大宝而言，还是对于二宝而言，"缺憾弥补式"教育都不利于彼此之间的相处和感情的培养。

在大宝身上，徐露一直有个未完成的心愿，那就是满足大宝学钢琴的愿望。但是大宝的学业日趋繁重，这个未遂的心愿于是乎顺理成章地转移到二宝身上。谁知道，二宝对钢琴一点兴趣也没有，根本不愿意练习。

"你哥哥当初想学，根本没有条件，现在你有条件了，却不好好学，真是浪费我一片苦心。"徐露总是苦口婆心地劝导二宝，但二宝却越发反抗，直到有一天，二宝为了逃避钢琴练习居然离家出走了，徐露这才意识到：自己的这种多子父母常犯的毛病——"缺憾弥补式"教育是多么要不得。

家有俩宝，对我们父母提出的不只是精力和时间的考验，更考验我们在教养过程中要学会"量体裁衣"，要懂得发现和发掘每个孩子自身的兴趣和闪光点，要顺应每个孩子的天性，切勿任性补偿，切勿矫枉过正。毕竟，尊重每一个孩子的能力，尊重每一个孩子的需要，这是最起码的公平。

有时适当地"偏心"，才能制造平衡

某个办公室里，两位女同事正在为如何做好二孩父母而争论。

"做父母一定要公平，对孩子都一视同仁。"正在计划二胎的A同事说。

"理想很丰满，现实很骨感。相对于公平，有时反而偏心眼会好些。"已是两个孩子妈妈的B同事说。

"什么？偏心眼？这是父母最不应该做的吧？"A同事不解地质疑。

"以前我对两个孩子非常公平，但经过两娃的养育后，我认识到，如果要让两个娃关系融洽，就要做个偏心眼的父母……"B同事说。

看到这里，你是不是也很费解？"偏心眼"这三个字对父母来说，是一个非常贬义的词汇，为什么还有人提倡呢？

那么，你不妨听一听这位妈妈接下来的详述：

"我家大宝今年9岁，是一个活泼聪明的男孩，学习成绩一直优异，几乎没有让我操过心。但7岁的女儿却性格内向，而且有些愚笨，翻开她的作业一看，你会大吃一惊，经常出错，有时连抄写生字都会出错，她也经常因此而苦恼，有时也会哭泣。按照正常的思维，我是不是更应该喜欢优秀的儿子？但我偏偏对女儿会更好一些，因为我知道，她比儿子更需要我的帮助。她或者不是笨，很可能在学习这方面还没有开窍，更需要我耐心地一步步去引导、督促、关爱。"

"当我意识到这点时，我会给予女儿特殊照顾。"这位妈妈继续说道，"比如，儿子考试得到85分以上才给奖励，而女儿只要考及格就可以了；儿子写完了作业还要保证全对才行，而女儿只要及时改正错误的地方就行，我还不忘附上一句'这次你进步了，加油'。就这样，女儿终于也变得越来越优秀。"

人们常说，家有两个小孩应该一碗水端平。的确，父母的爱应该是无私的、理性的、公平的，不能偏爱任何一个孩子，否则就有失公平。可是，兄弟姐妹之间的相处，并不是公平就能够解决得了的。为什么？因为兄弟姐妹之间是要讲感情的，而感情又怎么能用公平来衡量呢？

在很多时候，适当地"偏心"，才能制造平衡。

"偏心眼"不好，但是一旦你换另一个思维方式来理解"偏心眼"三个字，即在合适的时间与地点，用在恰当的孩子身上，反而会催生出意想不到的育人效果。因此，为了两个宝宝的健康成长，为了两个宝宝的相处融洽，我们有时也需要做"偏心眼"父母。

二孩家庭中，大宝更需要重视

过去许多父母有"忽视老大，重视老二"的倾向，近年来我们已经意识到，二宝的到来，对于已经习惯了获得父母全部爱的大宝来说是一种天大的灾难，因为无论如何他得到的爱都会被瓜分，于是我们开始把更多的关注放在大宝身上，但是之前大宝享受的是100%的关注，即使你现在给予大宝90%的关注，他仍然会因为10%的缺失而失落。面对大宝的不"通情达理"，我们很容易不满："弟弟妹妹比你小，比你更需要妈妈，我已经对你很好了，你怎么还这样？"这就是两个孩子的父母最容易犯的错误——讲"公平"、讲"平均"。所有的关注、时间，都用"量"来一分为二。

其实，大宝在乎的不是父母公不公平，而是父母的爱是否和以前一样。所以你应该适当地表达对大宝的关爱，甚至给予大宝更多的关爱，及时缓解他的忧虑。比如，每个月规定一天，这一天只带大宝出去玩，让他完全占有你们。这一天，你千万别提老二，甚至可以对他说"偏心"的话："今天不用照顾妹妹，只跟你在一起，真是太好了！"这会让大宝感觉爸爸妈妈并没有被抢走，缓解心理上的各种不平衡，减少对二宝的攻击性行为，也会让家变得更加温馨美好。

对弱势的孩子给予更多帮助

每一个孩子的性格不同，能力不同，资质不同，自控能力及个人觉悟都不同，对于这样的情况，不能一味地强调平等。现代的教育注重人的发展，个性的发展，所以父母的爱不应是盲目的，应以客观地认识孩子为基础，要对弱势的孩子给予更多的诱导、关爱和支持，努力促进每个孩子的发展。

正如文章开头的那位妈妈，妈妈把大部分时间和精力放在了女儿身上，给予女儿特殊照顾，这并不是真的偏心女儿，而是女儿没有儿子聪明，也可能是在学习这方面还没有开窍，更重要的是她性格内向，在一定程度上更需要父母的关爱、督促、引导。

再比如，两个孩子都摔倒了，如果大宝已是三岁以上的孩子，那么你可以鼓励孩子自己站起来："快站起来，把身上的土拍掉。"如果二宝刚学会走路或还不会走路，用同样的话激励二宝显然不符合实际，我们应该抱起他并安慰，这种行为虽然看起来是对二宝"偏心"，但更符合实际，不是吗？

用最聪明无害的方式让孩子释然

当孩子抱怨"偏心"的时候，不少父母会矢口否认"我没有偏心"，或是随便找个理由敷衍过关，从而给孩子造成错误的认知，更加确定你是偏心的。反过来，如果我们接纳孩子的情绪与感觉，耐心解释所谓的"偏心"，让孩子释然，孩子之间和亲子之间都会更亲密，可以说这是最聪明无害的方式。

比如，当你指导二宝做作业时，记得告诉大宝，说二宝年纪小，学习能力不行，更需要帮助。或者，你给大宝买了一件新衣服，要记得跟二宝说，大宝要参加学校的一场特殊活动。这样一来，孩子们会觉得，即便是"特殊优待"也还是公平的，心里就踏实多了，往往会欣然接受自己被"冷落"。

一个好的父母应该是，既能公平公正，又能适当"偏心"。当然，这种偏心眼的教育举措，如果能不漏痕迹地进行，尽量别让孩子们看出来，就连你所欲偏心的孩子，也丝毫没有察觉，才称得上真正步入佳境。

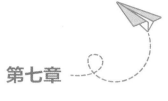

第七章

千万别一视同仁
认清个性差异,因人制宜,因材施教

世上没有两片完全一样的树叶,每个人都有自己的潜能和优势,面对大宝二宝,只有在尊重差异的前提下,因材施教,才能使每个孩子都发挥自身优势,走上属于自己的成才之路。

细心、客观，对每个孩子的个性了如指掌

　　齐绢非常喜欢猫，在家里养了一只波斯猫。没过几年时间，这只猫一窝生下了7只小猫仔。小猫出生之后，每天拱来拱去地找奶吃，仿佛上演着一部求生大剧。齐绢夜以继日地看护她的爱猫和7只猫宝宝，俨然一副好母亲的派头。"虽然每天照顾它们有些累，但我感觉太棒了，尤其是我发现了一个奥秘。——每一只小猫的个性都不同，有的小猫总是喵喵叫个不停，有的小猫则总是一声不哼，安安静静；有的小猫吃奶时速度非常快，看起来非常饿的样子，有时候还会呛奶，有的小猫吃奶则慢条斯理的；有的小猫总是没完没了地趴在猫妈妈身边吃奶，有的小猫吃两口奶就跑着玩去了，让人怀疑它到底吃没吃饱。"

　　就这样细细观察了一个月后，齐绢把7只小猫的个性特点都摸透了。"要想养好这些小猫，就是要观察它们的特点，然后按照各自的个性来养育。"

　　明明是在讲人类养育子女的事情，在这里，我们怎么谈论起养猫了呢？别急着质疑，要知道这套理论完全可以套用到人类育儿上，而且绝对适合。

　　一直以来，我们普遍认为每个婴儿出生的时候就像一张白纸，都是完全相同的，在长大以后才会有各种不同的性格，是后天环境和父母养育方式所塑造出来

的。但相关研究表明，婴儿在出生时已具有天生的特点，这些特点组成了每个婴儿不同的个性，并将影响到其成长过程中的方方面面。

既然孩子可能会存在不同的个性差异，那么父母最好的应对就是细心、客观地观察每个孩子，对他们不同的个性了如指掌，因人制宜，因材施教，而不是一视同仁。

要勇于承认差别的存在

任何一个孩子都是不同于其他孩子的特别存在，有不同的个性、不同的想法和不同的思维、行事模式，这是他独特的特点，而生命最可贵的就在于这种个性。

可惜，不少父母喜欢将大宝和二宝进行比较，或者让一个孩子向另一个孩子学习，这样做实际上是忽视了孩子之间的差异。让孩子学习别人的优点固然重要，但是成长为一个有独特个性的人则更重要。接受并承认孩子之间的差异吧，这样才能使孩子的自信心增强，潜能发挥到最大，进而获得成功和快乐。

"啊，老二和老大的个性还真不一样，老大憨厚老实，比较听话，而老二总是一言不和就哭闹。他这么爱哭，或许不是不如大宝乖，也不是没有大宝懂事，而是想要的东西一定就要得到。"父母需要花时间去准确了解孩子究竟是什么样的人，并且学会接受现状，才能减少一些犯错的可能。

包容孩子各自的个性

孩子与孩子之间没有完全相同的个性，每个人都有各自的特点。比如，有的孩子好胜、急躁，喜欢冒险和挑战；有的谨慎、内向，胆小怕事；有的喜欢独处，喜欢安静；有的则喜欢人际交往，喜欢热闹的地方……作为父母，我们所能做的就是爱孩子本来的样子，包容他们各自的个性。

不要对孩子的个性横加评判，因为你一时随意贴个标签，却会塑造孩子一生的性格。

佑佑是一个4岁的小男孩，每当他玩玩具时，总是不愿跟人打招呼。这时，妈妈就会说："害羞什么，快跟人问好，胆子大一点……""怎么不说话呀，你不能这样没礼貌……"还会再三跟别人解释："我儿子很内向、很胆小。"其实佑佑真的很内向、很胆小吗？不是，他只有在玩耍时才不跟人说话，一是玩耍时他很专心，尚未学会及时地分散注意力；二是妈妈的再三要求让他感到不适和紧张。

久而久之，佑佑真的变得内向胆小了，性格就这样被塑造了。

不跟人打招呼——内向，没礼貌；

学习不好——笨，不聪明；

不好好坐着吃饭——没规矩；

……

当我们把自己的认知想当然地当作事实，并给孩子贴上这样或那样的标签，这样做导致的结果就是，我们片面的评判给孩子施加了影响，让孩子真的变成我们以为的那个样子。

可现在我们知道，这个世界哪有什么标准答案。

每个孩子都拥有着无限可能，我们只有尽可能少地给他们限制，给他们足够大的生命框架，他们才能尽情地探索和成长。

据美国华盛顿大学的一项研究表明——观察了解孩子的个性，比鼓励他的好行为更加重要，这样可以大大降低孩子未来感到焦虑和压抑的风险。

兄弟姐妹绝对是性格迥异的，我们要看到孩子是自己之外的个体，一个有想法、有主见、有能力的个体，既要避免"老二要和老大一样"，又要避免将两个孩子互相比较，相信当你能够用一种宽容平和的心态来接受孩子的一切时，父母与孩子之间，大宝与二宝之间的关系会变得更和睦。

先天个性不同，教育当然也不同

萧芳是两个小男孩的妈妈，大宝和二宝五官长得几乎一模一样，但性格却大不一样。

大宝相对来说喜欢追求完美，这也跟萧芳的教育有关，因为萧芳把大宝照顾得太精细了，而且一开始就对他给予厚望。这就导致大宝对自己的要求很高，做事小心翼翼、一丝不苟，总是追求完美。比如，他写作业时要求纸张特别干净，不能出现错别字，不能有褶皱，如果有一点点不满意，就会重新写整篇作业，跑步没得第一名不高兴，考试如果得99分也要大哭一场……

而二宝的性格完全不同，可能因为家里所有的人都照顾他、让着他，他每一天都过得很开心。要完成一件事时，他会想很多办法，一一尝试，错了就继续换一种方式，而且从不害怕失败。如果凭自己的力量搞不定，他会请求身边的人去帮忙搞定，而且对于结果如何，他似乎并不太关心。

对此，萧芳经常劝导大宝要学会接受失败，告诉他不是所有的事情都要做到十全十美，让他减少对自己的压力和要求，但不是说基本的要求不要了，而是让他学会给自己减压。对于二宝，萧芳则会强调要学会承担责任。为此，她经常将一些简单的家务事教给二宝，让他承担完成任务的压力。

朋友们见到这种情况有些疑惑，便向萧芳请教，萧芳回答说："大宝平日做事小心谨慎，所以我要鼓励他；二宝好勇过人，所以我要约束他。"

对待自己的两个孩子，萧芳采用了完全不同的策略。

很明显，萧芳了解自己孩子的个性，并善于区别对待，这就是因材施教。

每个孩子的个性都有所不同，因材施教就是不能向孩子提出完全统一的要求，而要从每一个孩子的实际出发，承认并考虑不同孩子的个别差异，以不同的途径、措施和方法，进行有的放矢的教育。

先天个性不同，教育当然也不同。只有"对症下药"，才能收到实效。

是的，教育的目标就是尊重孩子的差异，让所有孩子的个性、能力等得到充分发展。

为此，父母需要遵循以下原则：

了解每个孩子的气质特点

活泼好动、内向腼腆、理性沉着……气质是个体与生俱来的差异特征，是人格发展的基础，它使每个人的行为方式都带有了独特的色彩。

有的孩子比较活泼好动，还可能有些调皮，妈妈却让孩子"修身养性"，做一个安静文静的孩子。这些现象在家庭教育中屡见不鲜，这样的父母就是在抹杀孩子的个性。这种抹杀天性的做法不仅不利于孩子身心健康的发展，也不利于孩子与家人的情感建立，更不利于孩子实现自己的人生价值。

只有当父母了解了孩子的气质特点时，才能够充分尊重孩子的个体差异，避免对孩子横向比较和按照成人期望去教育。

了解孩子的心理年龄特征

在心理活动和行为方面，幼儿期儿童更多会受情境因素的支配，在自我意识方面变化较大，因此还不能形成真正稳定的个性。例如，2~3岁是幼儿发脾气的高峰期，随着年龄的增长，控制情绪的能力会增强；再如，青春期的孩子会比较叛逆，这些只是出现特殊阶段的特殊个性。父母不必担忧害怕，总以过来人的身份或是社会上的常规思想和标准纠正孩子的思想和言行，而应该以积极、鼓励、宽容的态度接受孩子，通过关心、帮助、交流，改良孩子的不良个性。

切记，人的个性是在先天基础上，随着后天的经历不断变化修整的，所以我们要以一种动态的眼光看待孩子，不要人为地"设限"。

个性化要与社会化相协调

具有独特个性的个体应该得到的重视，尊重孩子的个性就是尊重孩子的人格，就是培养孩子健康全面地成长。但是，在遵循个性化教育原则的同时，我们也要重视社会发展所需要的共性心理特征，如善良、勇敢、诚信等，孩子的个性想要与社会发展相协调一致，父母必须进行必要的引导。

任何个性的孩子都有无限潜能，了解孩子的个性特征，有针对性地进行教养，我们才能帮助孩子打开通向更广阔世界的大门。

尊重每个孩子的天赋和兴趣进行特长培养

一个小男孩在院子里玩耍，突然指着小草问妈妈："妈妈，这些小草是从哪里来的？"

妈妈笑笑回答说："是从泥土里生长出来的，世界上好多东西都是从泥土里生长的。"

小男孩奇怪地看着妈妈，继续问："那小狗是不是也是从泥土里长出来的？"

"动物是不能从泥土生长的，"妈妈回答，"小狗是狗妈妈生的，你是妈妈生的。"

"那最早的妈妈是谁？"

"哦，应该是上帝。"

"但是，上帝是谁生的？"

小男孩继续问道，一副打破砂锅问到底的样子。

妈妈摇摇头，笑着说："妈妈也不知道，世界上有很多未知的东西。等你长大了，就用知识去解开这些谜团吧，好不好？"

这个男孩从此有了个愿望："长大后一定告诉大家好多好多人们不知道的东西。"

男孩长大了，成了享誉世界的伟大的生物学家。他就是达尔文。

孩子兴趣的发展和表现，往往是天赋和素质的先兆，这就需要父母加以引导和开发，只有这样，兴趣才会转化成孩子努力的动力和无限的潜能。

但每个孩子都有自己的兴趣爱好，在不同领域的能力也有所不同。比如，有些孩子可能对语言敏感，而有些孩子对音乐敏感；有些孩子记忆力很好，有些孩子观察力比较强。有些父母不懂得这点，孩子明明五音不全，硬要孩子学习音乐。孩子活泼好动，却要孩子学棋类，这是对孩子严重的伤害。

有一部电视剧叫《谁的青春不迷茫》，女主角林天娇是一个女学霸，她自小就爱好天文，从小的梦想就是想当个天文学家，但父母却要她考清华大学金融系。有一天，林天娇说自己想选择天文专业，却遭到了母亲的当面训斥，甚至还为此挨了耳光。"为什么父母硬逼着我做不喜欢的事？"这让林天娇感到十分迷茫，甚至为了考第一而作弊。

你看，如果父母不了解自己的孩子，不知道自己孩子的天赋智能，或者放不下自己的期待，不懂得顺应孩子的兴趣去引导，孩子活得痛苦，父母也牺牲感十足，大家都不开心。

一把钥匙只能开一把锁，只有适合孩子的，才是最有效的。每个孩子都有自己的天赋，只不过大部分人都不知道自己的天赋在哪些方面。而兴趣，就像孩子身上一个小小的火苗，父母一定要去点燃它，它才能够熊熊燃烧。因此，父母应该尊重每个孩子的天赋和兴趣，及时地进行特长培养。

做一件事情之前，先让孩子发自内心地喜欢

喜欢，是孩子做一件事情的内驱力。在养育孩子的过程中，我们会遇到很多孩子不想做某件事情的情况。如果我们把重点放在纠正孩子的行为上，用各种惩罚、限制、责备、说教等方式，让孩子按照我们的期待去做，那结果一定是进一步破坏孩子对这件事的兴趣，同时破坏我们和孩子的亲子关系。

教育孩子的前提是要充分了解孩子，所以，父母在日常生活中要认真观察分析孩子的兴趣爱好，看孩子最喜欢什么，在哪方面表现出特长。还可以通过启发和诱导孩子，观察孩子对哪类玩具或哪类事物有特别的爱好，鼓励孩子去做喜欢的事情，让孩子发自内心地喜欢这件事情，往往事半功倍。

创造环境支持孩子的天赋发展

每一个孩子都有自己的兴趣或爱好，长处或特长，这就是天赋。了解孩子的天赋很重要，但不等于孩子有喜欢的事情，我们父母就当甩手掌柜，顺其自然发展就行了。毕竟孩子的经验是有限的，孩子的资源也是有限的，没有适合智力开发的环境和教育，他们再有强大的内驱力，也是比较难实施的。

是的，开发孩子的天赋，不是坐等奇迹发生，而是要让孩子接触尽可能多的领域。无论是绘画、音乐、文学还是体育，有机会就让孩子去试一试，表现自己一下。如晚上聊天时，可以让孩子叙述自己经历的某件有趣的事情；家人过生日时，鼓励孩子表演一个节目……当孩子有了这样的表现机会时，他的能力就能慢慢地得到发挥，同时也就会对自己越来越有信心了。

请注意，6~12岁是培养孩子兴趣与特长的关键时期。这一时期孩子的性格已初具雏形，神经系统发育迅速，能适应和接受一些技巧、技能的训练，并且具有一定的自控能力，还有较为充裕的学习时间。因此，抓住这个黄金时期让孩子适当参加兴趣班学习一些特长是完全可行的。

有一位妈妈做得很好，发现大宝对英语很感兴趣后，她开车就给大宝听英语歌曲。在大宝玩游戏的时候，她也放一些英语歌曲，或者是比较短小趣味性强的英文动画片。如今，大宝7岁，英语日常对话非常流利。二宝喜欢绘画，于是她经常带二宝去看画展，买了几本临摹绘本，还报了一个绘画班。二宝今年只有5岁，却已有两年画龄，每张作品都非常有艺术气息。

如今，社会职业非常多样化，而且没有高低贵贱之分，每一份职业只要用心做，都是被尊敬的，孩子自己也快乐，为什么不去支持呢？

每个孩子都有自己的天赋和爱好，每个孩子都是与众不同的，而这种与众不同本身并没有优劣之分。所以，无论对待大宝还是二宝，让我们放下自己的焦虑，顺应孩子的天赋和喜好，给孩子创造合适的成长环境，引导孩子不断地发挥与运用自身能力，相信他们都能成为大众眼中的"天才"。

外向型孩子的优缺点及教养方法

6岁的小希是一个活泼可爱的小男孩，他每天只要一醒来就停不下来，一会儿叫，一会儿笑，一会儿爬，一会儿跳，仿佛有用不完的精力与激情。特别是在外面玩或来客人时，更加活跃，蹦跶一整天依旧元气满满。

在幼儿园，小希非常的外向大胆，总是积极回答老师的问题，互动的时候非常的主动，还总喜欢往小朋友多的地方挤，喜欢竞争，没有耐性，时而发脾气，时而爱和同龄的孩子打架，但大大咧咧，不记仇。

但是写作业时，小希经常屁股坐不住，一会要去喝水，要不就去上厕所。作业还没写到三分之一，他就又打开了电视，找来零食开始边吃边写……老师也反映小希上课小动作不断，总是很容易走神。

在你的身边一定有这样一些外向型的孩子：他们性格开朗，思维活跃，不怯场，好说爱笑，自我表现欲和交往能力强。相信很多父母都希望自己的孩子是外向的孩子，但是外向孩子的父母也是有烦恼的，因为这类孩子往往缺乏自控能力，不专注，坐不住，淘气，难以管教，学习成绩也会稍微差些。

任由孩子自由发展吗？当然不行！对于这类孩子，只要父母进行针对性的教育，管理科学、合理、到位，持之以恒，就会有比较好的效果。

不妨将批评转化为激励

孩子活泼好动的话，父母别总是强调说："你怎么就坐不住？坐不了几分钟就出去跑！""你怎么就不能休停一会，好好坐那儿学习呢？"……这些话会使孩子脑子里形成"我就是坐不住"的意识和印象。其实，你需要多给孩子一些激励，比如"孩子你坐的时间比以前长了""你学习的时候真专注啊！"

在孩子的世界里，激励往往比批评奏效！

多为孩子提供一些运动用品

好动是孩子的天性，是儿童重要的特征之一。很多外向型的孩子之所以精力充沛，坐不住，其中一个原因仅仅是——他们没动够！因此，父母应该多为孩子提供一些运动用品，如足球、篮球、滑板、沙袋、溜冰鞋等，这些体育运动物品不仅能激发孩子的运动热情，还可以帮助他们消耗过多的精力。

用一个有规则环境来约束

外向型的孩子缺乏自制力，他们须有一个有规则环境来约束。比如，你可以这样要求孩子"半小时之内，你必须完成课后作业""今天必须完成这件事情，你才可以玩玩具"，不可在他们一件事没做完之前就去做另一件事，让他们体验规则的意义和运作方式，从而使外向孩子的自我控制、自我约束能力得到加强，而且善始善终。

当然，我们应给孩子设置一个合理的时间范围，毕竟孩子的注意力是短暂的，如果持续时间太长的话，孩子就容易感到厌烦和不安。心理学的研究表明，注意力持续时间的长短与孩子的年龄有关，5~10岁孩子是20分钟，10~12岁孩子是25分钟，12岁以上孩子是30分钟。

经常玩培养专注力的游戏

外向的孩子好动、贪玩，为了有效地训练孩子的专注力、自控力，我们可以适当地引入游戏的方式。由于是游戏，符合孩子的心理特点，非常受孩子欢迎，玩起来孩子的积极性很高。每天坚持玩一阵，孩子的专注性就会有所提高。

比如，将一些动物名字写在不同的卡片上，父母发出口令，让孩子用手指出口令要求的内容；让孩子扮演"木头人"，看谁能演的时间长。随着孩子年龄的增大，可以逐步教他拼图、找不同、多米诺、折纸、下棋、画画、钓鱼、照相等游戏，这些游戏只要坚持去做，孩子的专注和自控能力就会提高。

带孩子"走出去"，顺势教育

外向型的孩子喜欢去新鲜的地方玩，所以我们可以为孩子提供"走出去"的机会，这会让他们感到如鱼得水。但外向型的孩子出去玩容易走马观花，只顾着新鲜兴奋，为了更好地教养孩子，我们可以借此机会顺势教育，比如参观博物馆前，可以找一些有关博物馆的故事书或科普书，还可以给孩子布置一些观察思考的题目，以帮助孩子加深思考深度，增强自身的观察力和分析力。

内向型孩子的优缺点及教养方法

奇奇是一个内向、害羞的孩子，虽然她已经是小学二年级的学生了，但依然不敢参加集体活动。同学们唱歌，她不唱；同学们跳舞，她不跳，显得很胆怯，很拘谨。

当看到活泼的大宝经常在学校参加演讲、舞蹈比赛，妈妈感到欣慰之余，便鼓励奇奇也多尝试上台的机会。但每次奇奇都是满脸通红，闭口不说话，表现得扭扭捏捏，不大方，甚至还会从台上跑下来，躲到妈妈身后。如果被妈妈逼急了，奇奇还会眼泪汪汪地望着妈妈，甚至回到家后大哭一场。

"孩子怎么这么内向？照这样下去，她怎么会有出色表现？"奇奇妈烦恼不已。

如果一个孩子喜欢独自玩耍，不喜欢和小伙伴一起嬉闹，会被称作孤僻；

如果一个孩子不爱表现自己，不能在亲戚面前凑趣逗乐，会被当作怯懦；

如果一个孩子特别害羞，一上台就紧张结巴，会被说没出息；

……

父母对内向型孩子的担忧，常常是因为一种共识：这是一个处处需要表现自己、合作交流的社会，外向的人充满活力，乐于交际，自然各种机会也会多一些，更容易获得成功和帮助，而内向的人过于封闭，不善于社交，这样的人离成功自然很远。于是，努力地要求孩子社交、想方设法地说服孩子外出、让亲戚朋友多逗孩子说话、要求孩子参加学校的演讲或者辩论赛等。

但是，这些努力往往收效甚微，甚至适得其反。

这是因为，内向型的孩子比一般的孩子更敏感。通常大人不必说，他们也会观察到自己跟一些孩子有不同，意识到父母对自己的不满意。如果父母认识不够、态度不够好、责备要求过多，他们就会感觉自己有缺陷、不够好，进而影响自信心，并且会带着这些自我怀疑和困惑长大，错过诸多的良机。

喜欢独自玩耍、不爱表现自己、特别害羞，这些都是内向性格的特征，但并不等同于懦弱、无能、不合群。前面我们已经提及，个性没有优劣之分，内向的孩子虽然讷口拙言，不善交际，但他们更喜欢观察，有很强的专注力，并且对他人的情绪有良好的感知能力，这都是非常大的优势。

在热播剧《欢乐颂》里，"乖乖女"关雎尔是一个文静内敛的女孩，她不如性格外向的邱莹莹活泼，平时也不爱表达自己，但却十分招人喜欢？为什么？因为她老实本分，每天勤奋地工作，喜欢安静地读书。她习惯深度思考，在工作上有更持久的专注力和耐力，做出来的东西自然就更精致。她喜欢自己思考，不会随便评头论足，也不会四处散播传言，因此成为朋友圈里最值得信任的人。

内向型孩子并不是坏孩子，父母完全没有必要过于担心，甚至指责孩子的"无能"。父母更需要的是全心地接纳，尽量去包容，温和地引导，发挥他们思维较深刻的优势。他们对内心世界更感兴趣，更安静，喜欢自省和思考，父母要引导他们将充沛的内在能量利用在有利于他们成长的方面。

比如，敏感是内向型孩子的优势，因为他们的敏感，他们能更加深切地感知到周围一切事物的变化。为此，我们可以引导他们去观察不同的现象，去发现各种问题和变化。观察力强的孩子，智力水平明显高于观察力弱的。

再比如，和外向型的孩子相比，内向型孩子不喜欢别人闯入和干扰自己，他们注意力集中，更热衷于思考。我们不妨让他们有独处的时间，在特定的环境、事务中进行学习，借此可以引导他们专心致志、一丝不苟的做事态度，让他们更具有耐心和责任感，释放出独具智慧的思考力。

当然，如果能帮孩子减少社交上的障碍，对孩子的成长也大有益处。

越早自理越不怕生

如果你的孩子内向害羞，那么你应该反省一下，在平时的生活中是不是给了孩子太多的保护？过多的保护和代劳只能束缚住孩子的手脚，孩子未受到生活的磨炼，很难有机会去独立处理一些问题，就容易逐渐导致自我保护能力低下，形成内向和孤僻的性格，拥有害羞和怕生的倾向。

孩子到了3岁以后，我们就可以开始培养他的自理能力。从一开始的自己睡觉，到自己上厕所，自己刷牙洗脸，自己穿衣服，自己吃饭，自己收拾玩具等。等上了小学以后，我们要教孩子自己写作业，自己整理书包，自己制订学习计划表，适当地做一些力所能及的家务活等。

当孩子具备了较强的自理能力之后，他们的独立性会更强，思维更活跃，心态更开放，也能较好地适应不同的环境。

为孩子提供交往机会

人际交往离不开沟通，内向型的孩子虽然话少，但表达能力不一定差，只是有些害羞，或者胆子小。当孩子不爱多说话，不喜欢与小朋友一起玩耍时，我们要尽可能地为孩子提供与人交往的机会，其间多帮助和引导，让他们意识到多说话可以交到好多朋友，那么他们也是会乐于表达的。

比如，我们可以帮孩子请邻居的朋友来家里玩，让孩子自己接待客人，为客人送茶水、糖果，搬椅子等，当孩子尝到当小主人的滋味后，不知不觉中他们就增强了自信心，塑造了开朗的性格；带着孩子去走亲访友，参加一些欢乐的聚会，跟遇到的小朋友、长辈们简单地聊几句；带孩子上街买东西时，让孩子自己告诉售货员买什么东西，并主动向营业员道谢，告别等。

不失时机地进行鼓励

每个孩子都希望获得他人的肯定和赞扬，内向型的孩子更是如此，而且他们需要的表扬应该是温和的、自然的。因此，父母应当抓住孩子日常生活中的点点滴滴，不失时机地进行鼓励。

比如，当孩子与一个不太熟悉的孩子玩完之后，我们可以不失时机地送上赞美之辞："你和那个小朋友玩得真好，他的妈妈在一旁一直在夸你！"当孩子在课堂上开始发言时，你也要充分利用这难得的机会："你今天的表现非常好，老师也打电话夸奖你了，妈妈真为你感到骄傲！"孩子对某件事情提出自己的见解时，要趁机赞许孩子一番："你说的不错，你真是个聪明的孩子。"

培养孩子勇敢的精神

玩是孩子的天性，害羞的孩子也爱玩，不过，更喜欢玩一些没有伤害性的安静的游戏。为此，父母可以鼓励孩子玩沙子、抓虫子、抢皮球等"危险"游戏；经常给孩子讲一些有关勇敢的故事；多带孩子接触外界、接触大自然和各类猛兽等，以实践来教育他要大胆、大胆、再大胆；当孩子遇到困难时，鼓励孩子大胆做事，自己去战胜困难。慢慢地，孩子就会变得有自信、有胆识。

教给孩子必要的社交方法

内向型的孩子并非不喜欢社交，有时他们只是不知道如何表达自己的感受和想法，因此我们要教给孩子一些与人沟通的方法，一些既能表达自己的观念，又不会伤害到对方的说话方法。当孩子在人际交往中可以表达自己，可以保护自己，又能处理得体时，他就会越来越愿意去做了。

如果说外向型的孩子像闪闪发光的太阳，那么内向型的孩子就是静谧柔和的月亮。他们都是降临人间的小天使，我们要做的就是照顾好他，尊重他的性格，让孩子自信地活出自己想成为的样子！

冲动型孩子的优缺点及教养方法

文静一直想拥有一个"小棉袄"，生下一胎儿子之后，过了两年时间，果断再接再厉，终于得偿所愿。但令文静头疼的是，不是所有人都能保证生出来的一定是个"小棉袄"，就比如他们家焕焕，有些性子急，暴躁易怒，做事没有耐心，慌慌张张，当自己的想法没有得到满足时就会乱发脾气，经常把哥哥惹得鼻涕眼泪直流。有时候，文静会委婉地批评焕焕几句，焕焕居然鼓着嘴巴和她顶嘴。

对于焕焕，文静又爱又恨，有时候甚至忍不住想打她两巴掌，又觉得对待女孩儿应该温柔。文静有些无奈地说："以前觉得生个小棉袄是特别幸福的事，但为什么我们家焕焕脾气这么狂躁，一点小的刺激就可以使她大发雷霆，真是一个呛人的'小辣椒'。唉……我到底应该如何教育才好？"

像焕焕这样的性格表现就是冲动型的孩子，往往表现为脾气一点就着，表现出狂躁不安的情绪，缺乏自制自控能力，尤其在手足或者人际关系中出现冲突时，会做出更强烈、更冲动的反应。很多父母对此比较困惑，对于孩子的火气大摸不着头脑，往往除了批评压制外，也显得束手无策。

许多父母没有意识到，孩子看似冲动的行为背后，绝不是一些简单的情绪原因，而是有着深层的心理原因。

孩子会冲动，往往来源于年龄小、阅历浅，缺乏认知和判断。出于自我保护的目的，孩子就会选择用快点表达、快点反驳、着急冒进的言行去解决问题，这是一种本能的趋利避害。

同时，这还与孩子的成长环境和教育方式有关。有些父母从小溺爱孩子，或者因为无知，对孩子的心理和行为不予重视，漠不关心，有些父母甚至因为担心孩子在社会上会吃亏，教唆孩子通过暴力和自私的行为来占有资源，那么孩子就会养成冲动、以自我为中心的性格，稍遇不如意就容易被激怒。

父母是孩子的第一任老师，孩子最初的行为都是从模仿父母开始的，如果父母脾气暴躁，常常冲动做事，那么孩子便会不自觉地对这种行为模式加以效仿。如果父母情绪容易冲动，习惯于用压制、指责、训斥的方式对待孩子，那么孩子的性格中就更容易出现情绪控制困难的问题。父母是孩子的第一任老师，孩子最初的行为都是从模仿父母开始的，如果父母脾气暴躁，常常冲动做事，那么孩子便会不自觉地对这种行为模式加以效仿。在遇到问题或困难时，他们也就会狂躁不安，选择冲动的方式来表达自己的情绪。

冲动的好处是可以快速宣泄自己的情绪，表达自己的观点。大量研究发现，冲动型的孩子在学习的时候，不怕犯错、不怕尴尬、敢于开口提问、学习效率非常的高。但我们也要注意到，冲动带来的坏处也不少，例如，给人际关系带来障碍，容易给别人造成伤害等。

那么，面对冲动型的孩子，我们父母应该如何进行有效教育呢？

具体来说，你可以从以下几方面入手。

给予理解，先让孩子安静下来

冲动型的孩子往往很淘气，因此往往会受到更多的批评。其实，所谓的"错误"，是因为他们行动之前欠考虑，这是他们的生理特点。当孩子情绪处于冲动、暴躁的状态时，对他人的意见会本能地产生一种抵触。你越制止，越讲大理道，孩子越愤怒和激动，并与父母完全对立起来。

所以，对于冲动型的孩子，父母要给予理解，先让孩子安静下来。你可以用简化的语言，站在孩子的立场，平静地和孩子说一说话，也可以通过靠近孩子、抱抱他等身体上的亲密接触来达到安慰孩子情绪的效果，或者找出平时收藏的玩具让他玩一玩，设法转移他的注意力，帮助孩子从不良情绪中解脱出来。

多多运动，宣泄过剩的精力

一般来说，冲动型的孩子有着过剩的情绪和精力，需要及时进行释放和宣泄。在这一方面，运动是一种很好的方法。比如，带孩子去公园玩的时候，让他帮忙给弟弟推车；从超市里出来，让孩子帮忙搬东西；让孩子发展一些有氧运动方面的爱好，如跑步、登山等；每天规定一段时间专门从事某项体育运动；等等。对于年龄较小的孩子，跑步是首选方式，慢跑基本适合4岁以上的所有健康儿童。

当然，具体的训练时间和强度得根据孩子的体质情况设定。使孩子过度兴奋或过度疲劳，对孩子提出的要求超出其实际水平，这些都会诱发孩子冲动行事。

后果警示，让孩子做出判断和选择

对冲动型的孩子，需要给他们清晰的规则和不好行为的后果警示。

乱发脾气的时候，不守规则的时候，不论在家还是在幼儿园、商场，让冲动的孩子短暂隔离喜欢的玩具、朋友、家人……时间控制在2~5分钟，也可以延长1~2分钟，让孩子知道发脾气会有什么后果。把冲动带来的后果一一展现，让孩子做出判断和选择，知道这是不好的，慢慢地就会改正。

请记住，易冲动的孩子需要不断在后果中锤炼，最终才能学会控制情绪。

解决办法，多从正面引导最重要

孩子的冲动，大部分源自认知和判断尚未成熟。为此，我们应该花些时间教孩子用正确的方式来表达自己的愤怒和脾气。比如，把心里的愤怒写下来、画下来，然后撕掉；遇到问题或冲突时，和对方尝试下用商量的方法解决，选择最令人满意的方案；拿不准自己的做法是否正确时，建议先在脑子里"演电影"，预演一下可能会发生什么事情，它会帮你看到未来要发生的事情。

教给孩子有效的方法比批评更有用，对自己、对他人的影响和伤害都更小。当孩子表现出控制情绪的能力时，父母要多从正面引导，及时有针对性地进行表扬，比如，上次他发脾气时摔东西，而这次虽然他也发了脾气，但却没有摔东西，就应该表扬他一下，这样下次他的态度会更好一些。

冷静型孩子的优缺点及教养方法

对于琳琳来说，看两岁的女儿吃饭就是一种"煎熬"，每次女儿吃饭都是慢慢吞吞的，小勺子舀饭，举起来，到嘴里，往往需要花上几分钟，还不时地转动着勺子，研究怎样可以舀更多的饭。琳琳在一边总是按捺不住地着急，先是不停地催促"快点快点"，如果催促不管用，就干脆抢过勺子喂起饭来，结果惹得女儿总是一顿大哭。

每次陪同儿子写作业，晓萍都很愤怒。写作业时，5岁的儿子总是不急不慢地打开书包，铺好书本，还要用手指一个字一个字地点着阅读。人家一个小时写完，他写两个小时。晓萍是一个喜欢干脆利索的人，一看儿子那样就气得火冒三丈，"快点写"催促儿子两遍，见儿子不为所动，顿时河东狮吼："写一个作业，你怎么这么慢，简直笨死了。"于是每天写作业都像打仗一样。

……

这样催促乃至代劳的场景，相信大多数父母都不陌生吧？

如今，许多父母对孩子的口头禅就是"快点起床""快点吃饭""快点做作业""快点弹琴""快点睡觉"，甚至"快点玩"。看到孩子做事情慢慢吞吞时，不少父母就会按捺不住发火，甚至怀疑孩子是不是有智力问题。

其实没有必要，有些孩子天生就是冷静型的。

冷静型的孩子是很容易辨别的，其中最明显的一个特征是慢，做什么事情都是一副慢慢吞吞、不忙不慌的样子。他们为什么会有这样的表现？和冲动型的孩子正好相反，冷静型的孩子性格往往内秀，只是较少表达自己感情，不喜欢冲突，处事谨慎，性子较慢，思考力极强，他们喜欢事先思考和计划，会把事情前前后后考虑清楚，然后再按照自己的想法去行动。

这类孩子看起来笨笨的，比较死板沉闷，却往往能很好地完成自己的任务。比如，他们做作业会比较慢，会非常冷静、非常耐心地设法理解题目，甚至考虑好最佳方法再下笔作答，准确率更高；他们的阅读速度不快，但非常仔细，一点小小的细节都会留意到，可以在一团乱麻中一点一点地想，一点一点地看，一点一点地找，如此思路更全面，更清晰，属于"不鸣则已一鸣惊人"的类型。

冷静型的孩子天生就趋向抑制自己的行为，自律性更强，所以在生活中一般没有什么问题，除非遇到急性子的父母。"你怎么这么磨磨唧唧，一定要加快速度。""别人学什么都那么快，为什么偏偏你这么慢。"……被父母如此埋怨，催着赶着，孩子不能按照内在的节奏去做，势必会增加他内心的焦虑，更容易生出羞愧、内疚、自责等情绪，进而对他学习和成长起到反作用。

所以，家有冷静型的孩子，重要的是父母要接受孩子的慢是天性所致，不要太过急躁，不要老催他赶他。

当然，有些孩子对时间概念比较模糊，导致做事比较磨蹭。为此，父母也可以适当地采用一些措施，具体问题进行具体分析，根据不同情况对症下药，才能真正让孩子"快"起来。

培养孩子把握时间的能力

冷静型的孩子做事慢，有时与没有时间观念有关。为此，我们可以对孩子的日常生活，提出一定的时间要求，培养孩子把握时间的能力。

比如，帮孩子设计一张生活日程表，把每天需要做的事情添进去，在日程表的约束下，引导孩子加快做事的速度；给孩子一定量的口算练习，根据他的能力规定一个完成时间，让他在这个时间段内完成；也可以在孩子房间挂上"今日事今日毕"的条幅，让他在潜意识里提醒自己"立即行动"。

让孩子为自己的慢付出代价

如果再三提醒孩子后，他依然在那里磨磨蹭蹭，不妨任由他去。因为做事情慢而引起不好的后果，就让孩子自己承担，为此付出代价，这样才能让他自己愿意去调整节奏，自觉地加快速度。

小猛是一个冷静型的孩子，从小就做事比较慢，尤其是写作业总是比较慢。虽然作业完成的质量很好，平时的成绩也不错，但一到正式考试时总是因为时间不够用而考不出好成绩。发现了儿子的这一问题后，小猛妈妈一开始不停地催促，但孩子一两天后还会恢复原样。所以她琢磨着，一定要给孩子下一剂"狠药"。

这天晚上，小猛照样在自己房间慢吞吞地写作业，妈妈没有像往常一样催促他，而是告诉他以后的作业就像考试一样，50分钟后准时提交作业。50分钟后，妈妈准时走进来，要把作业收起来了，小猛才意识到自己没有完成作业呢。结果，第二天在学校受到了老师的批评和教育。从那以后，小猛再也不要妈妈催促着写作业了，他的行动快了许多，也能看着时间及时完成作业了。

如果孩子年龄尚幼，不到万不得已，不建议使用这一招。

用鼓励和奖赏来"催"孩子

冷静型的孩子虽然情绪不易受外界影响，但他们毕竟是孩子，和其他孩子一样渴望父母的承认或认同。要想让孩子变快一些，父母改变对孩子的评价是必须的，随时观察孩子的表现，对他做得快的事情立即表扬。

比如，你可以发起比赛，巧妙地使用"和大人比快慢"或"和时钟赛跑"的方法激励孩子："你可以在我数到10之前把玩具统统收好吗？"当孩子做事的速度比以前加快时，对孩子说："真好，你现在比过去有进步了，如果你再快一点儿就更出色了。"也可以用计时完成某一件事情，当孩子达到了要求时就给予一定的奖励，如带孩子外出游玩，给孩子买想要的玩具，等等。

用鼓励和奖赏来"催"孩子做事，可以使孩子意识到自己的进步，并因此产生自豪感，增强自信心，进而能够积极主动地"快起来"，从而收到良好的教育效果。

总之，冷静型的孩子做事小心谨慎，思维能力强。针对这样的孩子，父母养育的重点就在于给孩子提供训练，而不是说教。接纳孩子个性里的慢节奏，同时给予他们必要的引导，进而使孩子成长得比我们更聪明、更快乐、更自信、更高能。

第八章

男孩在左，女孩在右
遵循性别差异，男孩这样养，女孩那样教

二孩教养，性别差异是个非常重要的考量。如果忽视这种差异，就很容易对孩子的发展产生不合理的期待，甚至给孩子错误的定性评价，误导孩子的发展方向。

大脑差异，对男孩女孩的影响很大

欣欣今年上一年级了，这天，她拿着考了74分的数学试卷垂头丧气地回了家。一打开家门，就听到爸爸在考5岁的弟弟数学计算能力。

"浩浩真厉害，居然能算对100以内的加减法了。"爸爸笑着夸奖弟弟。

浩浩得意地说："爸爸，我还会背乘法口诀表了呢，不信你考考我。"

爸爸抽了好几个乘法口诀考浩浩，而且还故意颠倒了数字位置，比如将5乘以7说成了7乘以5，结果浩浩都答对了。

欣欣低头看着自己的数学试卷，上面也有考乘法口诀的，但有好几个她都做错了。想到弟弟那么聪明，自己那么笨，欣欣不禁哭了起来。她对爸爸说："爸爸，我已经知道了，其实我并不是你和妈妈的孩子，对不对？"

正在做饭的妈妈听到欣欣的哭诉后，吓得手里的锅铲差点没拿稳。欣欣可是自己辛辛苦苦怀胎十月生出来的，也是自己亲眼看着一天天长大的，她怎么会怀疑自己不是爸爸妈妈的孩子呢？于是就问欣欣为什么这么想。

欣欣说："弟弟这么小，就已经会很多计算，我都已经上一年级了，还没有弟弟的计算能力强。他那么聪明，我这么笨，一看就不是亲姐弟。"

这个回答让爸爸妈妈忍俊不禁。爸爸开导欣欣说："弟弟只是对数字敏感，但他在语言方面远远不如你小时候。因为你5岁的时候可以背许多古诗了，而你弟弟能背出来的古诗屈指可数。"

"爸爸说得对，你和弟弟各有所长，你们两个都很聪明。"妈妈也鼓励欣欣。

随着二孩开放，三口之家变成了四口之家，家中有儿有女的不在少数。孩子渐渐成长，父母会明显感受到男孩和女孩之间有很大的差异。造成差异的原因，有一小部分是后天环境的影响，但很大一部分原因是先天造成的，这主要体现在男孩与女孩大脑结构和形态上的不同。相对应的，大脑有差异，给男孩和女孩带来的影响也不少。

男孩的精力和体力比女孩旺盛

科学表明，人的体力和精力与大脑中的脊髓液息息相关。男孩脑中的脊髓液从小就比女孩多，这使得男孩的精力和体力从小就比女孩出色。家中有男孩和女孩的父母会明显发现，女孩婴儿时期能快速进入"吃吃睡睡"的模式，而男孩婴儿时期的睡眠比女孩少，并且比女孩爱哭，仿佛有使不完的精力。等孩子们稍微长大一点后，又会发现女孩能安静耐心地玩很长一段时间，而男孩一刻都坐不住，仿佛得了多动症。当然，这其中也有例外。

女孩比男孩更敏感

人体大脑中有一种名叫胼胝体的脑组织，这种脑组织控制着人的情绪，而相同年龄段的女孩的胼胝体明显大于男孩，这就使女孩比男孩更敏感。

只要父母们留心观察，就会发现女孩更敢于表达自己的感情，从小就会说"我爱你，妈妈""我爱你，爸爸""妈妈，你不要生气""爸爸，你真帅"之类感性的话，这也让她们获得了"贴心小棉袄"的美誉，而男孩往往比女孩迟几岁才能说出这样的话。此外，在用词汇表达情感时，女孩能用精准的词汇表达自己的情感，而男孩常常用错词，比如男孩想要表达自己生气了，他会说出"我恨你""讨厌你"这样的话，也就是说，他的表达和内心情感完全不在一条线上。

男孩的空间能力强，女孩的语言表达能力强

男孩大脑中负责空间感知能力的脑组织比女孩发育得好，这就使男孩在立体思维上比女孩优秀，这体现于比女孩擅长学习数学、几何。女孩大脑中控制语言区域的脑组织发育较早，这就使女孩的语言能力比男孩强，在背诵文章和阅读表达上比男孩占优势。

男孩的自制力比女孩弱

很多父母都有一个认知误区，那就是总认为男孩比女孩坚强，但就大脑而言，男孩的大脑额叶比女孩发育缓慢，这就导致他们的自我控制能力没有女孩强，对外界事物的反应比女孩激烈。所以，家中有儿有女的父母，不能将耐心和温柔全都放在女孩身上，也要拿出一部分放在男孩身上，让男孩的身心能健康发展。

除此之外，大脑间的差异还使男孩的触觉比女孩敏锐，女孩的直觉比男孩敏感；男孩做一件事可以专心致志，女孩做事时能一心多用……

家中有两宝，孩子会不自觉地去对比，敏感的他们会发现自己与弟弟妹妹的不同，父母要留心观察孩子的表现和心理，避免孩子因这样的差异变得自卑和内向，要多夸夸孩子各自的优点与长处，让他们能健康成长。

教育别错位：男孩要阳刚，女孩要优雅

　　吴瑶家有一对龙凤胎，男宝叫欢欢，是哥哥，女宝叫乐乐，是妹妹。每个见到这对龙凤胎的人，都会夸他们可爱漂亮，并羡慕吴瑶运气好，一胎下来有儿有女。最近，这对龙凤胎上幼儿园了，可是他们在学校的表现差强人意。

　　欢欢作为一名男孩子，他从来不和男生玩，总喜欢和女生腻在一起，玩一些打扮洋娃娃、过家家之类的游戏，说起话来也细声细气，声音比蚊子还小。如果有小朋友大声对他说话，他会害怕地立马哭起来，怎么哄都不停。乐乐作为一名女孩子，不仅喜欢抢别人的东西，还不遵守纪律，经常满教室乱跑乱窜，比男孩子还调皮捣蛋，让老师头疼不已。

　　这天，吴瑶上班的时候接到了幼儿园老师打来的电话，电话里老师夸张地说："你快点来学校看看吧，你的两个孩子快把幼儿园给拆了。"

　　吴瑶请完假后，立马赶往学校，看到欢欢哭得眼睛都肿了，乐乐则一副事不关己的小模样，于是便问老师发生了什么。

　　"今天手工课老师教同学们捏陶泥，欢欢想捏一个杯子，可是怎么捏都捏不好，然后莫名其妙就哭了，我怎么哄都哄不了。"老师又说，"至于乐乐，她不好好捏就算了，还老是破坏别的小朋友捏出来的东西，把好几个小朋友都弄哭了，我现在都不敢把她放在教室里了。"

吴瑶费了好大的功夫，才让欢欢停止哭泣，等教导乐乐的时候，乐乐不仅不听，还很粗鲁地翻白眼、吐舌头，差点没让吴瑶发火。见此情景，老师感慨地说："欢欢和乐乐的性格应该换一换，欢欢能坚强勇敢些，乐乐能优雅安静些就好了。"

回家的路上，吴瑶一直思考着老师的话，两个孩子的性格怎么会变成这样呢？原来，这和吴瑶父母的教育方式有关。

吴瑶夫妻俩的事业心非常重，根本没有时间教育孩子，所以教育孩子的重任便落在爷爷奶奶的身上。在两个老人心中，男孩子从来都是调皮捣蛋的，他们担心欢欢也会成为不服管束的小男生，于是从小就处处约束他，不许做这个，不许做那个，以至于养成现在这副弱不禁风、稍遇挫折就大哭不止的性格。至于乐乐，两个老人担心女孩子会受欺负，就不停地给她灌输"我不哭""我最厉害"的思想，也从不约束她的行为，渐渐就变成了现在这副无法无天的模样。

由此可见，两个老人对欢欢和乐乐的教育存在错位。

这也是许多家庭中存在的问题，尤其是只有一个男孩的家庭，经常采用"温室"教育，结果让男孩成为一朵娇弱的花儿，稍经风雨就折断。然而，对男孩来说，他们身上肩负的责任远远比女孩重要，如果一遇到挫折就哭鼻子打退堂鼓，将来如何在竞争激烈的社会中生存呢？而对女孩来说，优雅乐观是她们在社会中生存的最佳武器，如果像男孩一样调皮捣蛋、横冲直撞，就会变成一名"假小子"。

所以，家中有儿有女的父母，要根据性别来教育孩子。对于男孩，要培养他们的阳刚之气；对于女孩，要培养她们优雅美丽的气质。

我们先来说说该如何培养男孩的阳刚之气。

锻炼孩子勇敢坚强的品质

当孩子遇到困难与挫折时，父母不要第一时间去帮孩子解决，因为这样会养成孩子依赖的性格，应该鼓励他们独自去面对，只有经受了磨炼与考验，才会变得坚强勇敢。就像小鹰在学习飞翔时，老鹰会将小鹰推出窝外一样，小鹰只有逼着自己腾打翅膀，才能安全降落，最后翱翔天空。

不要过于约束孩子

很多事例证明，粗放式的教育更有利于男孩的成长。因此，在日常生活中，父母要给予孩子表现的机会，比如让孩子多参加运动，多参与群体活动。父母要将孩子放在一个平等的位置，让孩子参与家中的一些决定，培养孩子果断的性格。

培养孩子的冒险精神

好动是男孩子的天性，这也就意味着，他们的成长过程其实就是一个冒险的过程。在这个过程中，父母不该做阻挡孩子前进的荆棘，应该做孩子手中披荆斩棘的利剑。要大胆放手，给予孩子冒险的机会，让孩子探索新的事物，面对新的挑战。这样的锻炼会提高孩子的心理素质，个性也将变得坚强而勇敢。

我们再来说说如何塑造女孩优雅乐观的性格。

培养孩子的自信心

女孩子的优雅，主要表现在自信心上，因为自信的女孩往往是乐观、坚定、勇敢的。所以，父母可以从形体和语言上训练孩子的自信心。在走路时，父母要矫正孩子的走路姿势，养成抬头、挺胸、收腹的走路习惯；在说话时，父母提醒孩子说话不要过慢过快，要用适中的速度去说话。说话前，要先思考一番将要说的话对不对，合不合适说。这样，自信心会逐渐提高，优雅的气质也会逐渐形成。

增长孩子的见识，树立独立好学的品质

优雅与品位息息相关，提升孩子品位的最佳途径就是增长孩子的见识。所以，父母可以让家中的女孩学习一些才艺，也可以让孩子多读书，还可以带孩子去旅行。只有见多识广，孩子才能从容不迫，那么优雅和乐观将无形中渗入孩子的骨髓中。

男孩要阳刚，女孩要优雅。教育不错位，孩子才会好。

"穷养"男孩，"富养"女孩

"儿子要穷养，女儿要富养。"很早以前，刘蕊就听说了这个育儿观念。她理所当然地认为，穷养儿子，就是要让他体会生活的艰辛，多吃苦；富养女儿，就要为她创造良好的物质条件，培养温柔、高贵的品质。于是，她几乎没给儿子辰辰买过昂贵的玩具，辰辰穿着上都是小店淘来的外贸品。而女儿豆豆则是自小吃、穿、用的都要比哥哥上档次，养得就跟一个小公主一样。

今年辰辰6岁，上幼儿园大班，豆豆3岁，上幼儿园小班。刘蕊是一个事业有成的女性，自从两个孩子入学，接送上下学的任务就落在了爷爷奶奶的身上，刘蕊从来没有去过学校。

这天，刘蕊特地请了一天假，去参加大宝的幼儿园毕业典礼。她按照平时一样，将女儿打扮得漂漂亮亮，儿子随便穿了一件旧衣服，然后一起去了幼儿园。到了学校后，刘蕊发现，大宝低着头站在队伍的角落里，而二宝一脸傲娇地站在队伍的最前头。别的小朋友都在交头接耳，追逐打闹，只有她的两个孩子孤零零的，没有一个小朋友找他们说话、玩耍。

刘蕊找老师问原因："老师，我是辰辰和豆豆的妈妈，为什么没有小朋友和我家孩子玩耍呢？他们平时也这么不受欢迎吗？"刘蕊想，如果平时也是这样的话，她的两个孩子无疑是生活在充满了冷暴力的环境中，这根本就不适合孩子的成长。

"我真不敢相信，这两个孩子居然是一家的。"老师十分吃惊。

见刘蕊满脸疑惑，老师又说："你家的两个孩子在穿着打扮上相差很大，辰辰每天穿得旧旧的，豆豆每天穿得跟小公主一样。辰辰见别的小朋友都穿得整整齐齐、干干净净，可能出于自卑，便不想和小朋友们玩。久而久之，别的小朋友也不再找辰辰玩了。至于豆豆，她怕别的小朋友弄脏她的衣服和鞋子，就主动不和别的小朋友玩。如果有别的小朋友靠近她，她还会让小朋友走开。"

最后，老师还问刘蕊："我看你家的条件很不错，为什么要差别对待两个小朋友的穿着打扮呢？这样的落差对小朋友的身心发展很不利。"

刘蕊不明白了，自古就有"穷养儿子富养女"的说法，她这样养育孩子错了吗？

"穷养儿子富养女"是近年广为流传的教育名言，民间也曾说过"从来富贵多淑女，自古纨绔少伟男"，可见人们对这种教育方法的认同，但一味地穷养男孩，富养女孩也可能会造成始料未及的后果，正如刘蕊此时所面对的困惑。

"穷养儿子富养女"这句话并没有错，错误的是家长们对它的理解方式。这里的"穷养儿子"并不是指在金钱上对男孩的吝啬，而是指对男孩的身体与精神上的磨炼，培养出男孩坚强、勇敢、有责任感的品质。"富养女儿"也并不是让女孩过上奢华的生活，而是富有女孩的精神与品德。

那么，该怎么"穷养"儿子"富养"女儿呢？

我们可以让男孩多参加一些运动，比如爬山、踢球和游泳等。爬山是一种很好的能锻炼人的耐力的运动，每当孩子要放弃时，父母要给予鼓励，让孩子坚持到最后，锻炼出孩子坚韧的心态；踢球是一种很男子汉的运动，在踢球过程中，孩子会挥汗、跑动、争抢，能享受进球的喜悦和输球的失落，从而明白成功的得之不易，学会珍惜；游泳含有许多技巧，孩子初学游泳时会遇到很多困难，这能培养出孩子克服困难、勇于面对挫折的心态，激发出孩子无限的潜能。

此外，我们还要格外关注男孩们的生活，随时纠正孩子的不良习惯。比如让孩子自己的事情自己做，杜绝依赖，培养出孩子的独立性；孩子在做事过程中总是抱怨，家长要给予孩子鼓励，引导孩子端正心态；孩子遇到困难时，父母不能立马给孩子解决，要让孩子尝试去自己解决，即使最后失败了，也会收获到经验。

很多事实都证明，任何一个孩子的习惯、能力、性格的形成，相当一部分源于小时候的家庭环境和生活环境。作为父母，我们要将女孩培养成一个思想独立、精神丰富的人，那么就要从小"富养"。需要警惕的是，"富养"女儿也是有规则的，它不是骄纵与放任，而是有规划地去培养。

在礼仪上，父母要约束女孩的不良行为，摒弃孩子无理取闹、任性蛮横的性格，教导孩子学习礼节、注重礼貌；在生活需求上，父母可以满足孩子的正常生活需求，培养孩子正确的价值观，这样孩子步入社会后，就不容易受到诱惑；在性格上，要培养孩子的独立性，让孩子学会思考，懂得判断好坏；在眼界上，父母可以多带孩子出去走走，通过大千世界、人间百态来提升明辨是非的能力……

其实，不管是男孩还是女孩，家庭贫困还是富有，我们都要给予孩子精神上的富养。也就是说，给孩子的爱不能只局限于吃饱穿暖，而要给予他们无微不至的关爱，多多关注他们的内心，给予他们精神上的支持和鼓励，这样才能塑造出孩子自信、坚强、乐观的性格，使他们自有一番天地。

培养骑士精神，让男孩风度翩翩

"爸爸，哥哥抢我玩具了。"

"爸爸，哥哥偷吃我的饼干！"

"爸爸，哥哥他又揪小我辫子了，哎呀，好疼啊！"

……

3岁的布布一边哭，一边大声跟爸爸指控哥哥轩轩的"暴行"。毫无意外，被布布哭声闹得心烦意乱的爸爸狠狠训了6岁的轩轩一顿。

"爸爸，凭什么我不能玩妹妹的玩具？凭什么我不能吃妹妹的饼干？我只是轻轻揪了一下她的小辫子，根本就不疼，凭什么训我？"轩轩气冲冲地说。

"因为你是男生，妹妹是女生，男生要让着女生！"爸爸说。

然而，这样的说辞并没有让轩轩悔改，他依旧我行我素地抢着布布的玩具，吃着布布的零食，趁着爸爸妈妈不注意还偷偷欺负布布，"凭什么男生要让着女生"。随着布布哭泣的次数越多，爸爸意识到这种"男生要让着女生"的教育不奏效，就给轩轩换了一个新身份："从今以后，你就是一名小骑士。"

"什么是骑士？"轩轩好奇地问。

"骑士是最厉害的武士，他正义、勇敢、执着、武艺高强，能打败各种坏人，而他唯一的职责就是保护美丽的公主。妹妹就是我们家里的小公主，现在爸爸正式将小公主交给你保护。"爸爸夸张又郑重地说。

"爸爸，你放心，我一定会当一名合格的骑士。"轩轩严肃地保证，眼里满满的责任感。自此，轩轩仿佛变了一个人似的，不仅不再随意欺负布布，还能帮着爸爸妈妈照顾布布，这个哥哥当得有模有样。

很多二孩家庭都是一儿一女，当矛盾产生时，绝大多数父母会站在女孩这边，并和男孩说诸如"你是男生，男生要让着女生"之类的道理。这些道理并没有错，但对年纪很小的男孩子来说，他还没有能力区分什么是性别，他仅仅能意识到的是爸爸妈妈很偏心，进而就会激起内心的叛逆。

既然如此，我们不妨给予家里的男孩一个骑士身份，给孩子灌输一些"骑士精神"。

美国著名作家伊桑·霍克曾经写过一本《写给男孩的骑士准则》的书，书中写着一位老父亲即将奔赴战场，他担心自己会战死沙场，就给他的孩子们写了一封长长的告别信。信里阐述了20个代表骑士精神的准则，字里行间饱含父亲对孩子们的爱，对孩子的依依不舍。这位父亲不知道有没有凯旋，但他的孩子按照他留下的骑士准则一天天成长，最终每一个都成为高尚伟大的人。

骑士该具备哪些精神呢？骑士精神是一种信仰，它共有八大高尚的品德，分别为谦卑、荣耀、牺牲、英勇、怜悯、诚实、公正和灵魂。而这些美好的品格，不也是每一个父母希望自己的孩子能拥有的吗？拥有了骑士精神，男孩才会风度翩翩，受人喜爱。

那么，父母该如何培养男孩的骑士精神呢？

在孩子的卧室融入骑士因素

我们可以先从孩子的卧室入手，通常来说，男孩都喜欢机械战斗类的东西，所以在装饰房间时，可以融入战马、城堡、战旗等因素的东西，让孩子早晨睁开眼睛，就有一种住在城堡里的感觉，认为自己是一名真正的骑士。

给孩子多讲讲有关骑士的故事

给孩子多讲讲有关骑士的故事，让孩子理解骑士精神有哪些，这些骑士是如何对待身边的亲人朋友的，以及遇到困难和挫折时，他们是怎样面对的。《亚瑟王》《小骑士卡尔》《三剑客》，这些都是有关骑士与英雄的优秀书籍，潜移默化中，孩子会不自觉地以"骑士"的标准来要求自己。

带孩子参与一些骑士类运动

运动也能将孩子塑造成一名骑士，比如骑马、马术和击剑，因为骑士的装备中就有马和剑。这类运动可以培养孩子的勇气、责任感、拼搏精神以及耐心等，不仅提升了情商，还增强了他们克服障碍的信心。

培养淑女礼仪，让女孩成为人见人爱的小公主

昭昭今年读三年级了，今天是他的生日，他开心极了，邀请了好多小伙伴来家中做客。昭昭很懂事地将自己的玩具和小零食分享给了小伙伴，然而4岁的妹妹嘻嘻却让他的小伙伴们尴尬不已："这是我的玩具，我才不给你们玩！""你长得一点也不好看，我不和你做朋友。"……期间，吃饭时嘻嘻还故意到处洒饭粒，开门关门弄出很大的声响，小伙伴送来的一只小猫也被她乱揪一气，疼得嗷嗷乱叫。

有几个小伙伴受不了嘻嘻，蛋糕没吃就走了，昭昭觉得丢脸极了，闷声对妈妈说："妈妈，我不要妹妹了，妹妹一点也不可爱，如果舅舅家的果果是我妹妹就好了。"

"为什么想要果果当妹妹呢？"妈妈好奇地问。

"果果是个小公主，她安静、善良、嘴巴甜、懂礼貌，身上有好多优点，而妹妹是个小巫婆，她自私、霸道、不讲礼貌，我和我的小伙伴们都不喜欢她。"昭昭想到童话故事里的公主与巫婆，他觉得妹妹就是个小巫婆。

如果一个孩子没有礼貌和基本的礼仪，那在众人眼里，可能就是孩子不懂事。正如嘻嘻，怎么看都不算一个惹人喜欢的孩子。但我们要细究，嘻嘻的无礼行径背

后究竟透露什么讯息？其实，嘻嘻不懂礼貌，不讲礼仪并非天生，而是因为她不知道该怎么懂礼貌、讲礼仪，这与父母的教导有关。

不论是在学校，还是在社会中，人们喜爱的永远是家庭教养良好的女孩。而良好的家庭教养表现为懂礼貌、善良、优雅、讲礼仪等方面，这些美好的品质可以归纳为淑女品质。一个拥有淑女品质的女孩，她的内心始终是纯净的，她会用真善美的眼光去看待世界，她们总是幸福、快乐、惬意的。

谁都希望自己的女儿是个人见人爱的小公主，然而，女孩身上的淑女品质并不是与生俱来的，它需要经过不断的努力才能培养起来。那么，父母该如何培养女孩呢？

父母以身作则，时刻注意自己的言行举止

父母是孩子的榜样，是孩子的启蒙老师。在孩子咿呀学语时，如果父母经常说不礼貌的词，孩子会不自觉地跟学。父母做不文雅的行为动作，孩子也会跟着做。因此在女儿的面前，父母要起到积极向上的作用，时刻关注自己的言行举止，做到"食不言，寝不语""走路要昂首挺胸""与人说话时，要认真聆听"等，模仿是孩子的天性，假以时日，这些优雅的行为就会印进她的意识深处，变成习惯。

多给孩子创造礼仪示范的机会

良好的礼仪修养是通过生活点滴形成的，所以父母不仅要以身作则告诉孩子应该怎样做，更要为孩子创造一些条件，以实践的方式让孩子快速学会礼仪。

例如，家中有客人拜访时，父母可以利用这个机会教导孩子的待客礼仪，引导和鼓励孩子主动和客人打招呼，招待客人用茶，等等，并让孩子注意，长辈聊天时不能随便打断，不能随意在客厅走动，因为这些都是不尊重客人的行为。在送客人离开时，父母要喊孩子一起送客，并说一些"叔叔慢走""阿姨，您走好""伯伯，再见"之类的礼貌用语。上下电梯时看到相熟的邻居，要让孩子问叔叔阿姨好，等等。等下次有小客人来家中做客时，父母可以放手，让孩子亲自招待。

在这种经常性的交际锻炼中，孩子对各种礼仪规则做到心中有数，自然慢慢地就会养成礼貌待人、文明处事的好习惯了。

教导孩子正确的礼仪，让孩子严格规范去执行

中国是一个礼仪大国，它有许多礼仪值得人们去学习，父母在给孩子挑选该学的礼仪时，首先要自己弄清楚礼仪的正确打开方式，然后才能教导孩子，并严格要求孩子去执行。

比如，穿戴要整齐，要勤洗头洗澡，要勤剪指甲，早晚要洗脸刷牙；在餐厅用餐时，不得大声喧哗或者把餐具弄得乱响；嚼饭的时候尽量闭着嘴，吃饭时不要发出声音；公共场合要注意秩序，不大声喧哗、不插队；和人说话时，声音大小要适宜，语调要平和沉稳；不能给小朋友起绰号，不能抢夺其他孩子手中的玩具或者食物……

此外，父母可以陪孩子看一看有关礼仪方面的图书、视频，与孩子多多探讨礼仪背后的含义，家中的"假小子"就能蜕变成人见人爱的小淑女了。

注重才艺培养，孩子才有"傲娇"的资本

  妞妞今年三岁半了，今天是她第一天上幼儿园，妈妈陪着妞妞一起参加了开学典礼。在典礼最后，幼儿园园长让新入学的孩子们上台自我介绍，并表演一个小节目。很多小朋友都表演了节目，有唱歌的，有跳舞的，有说相声的，等等。尽管孩子们表演得并不好，但依然收获了许多掌声与鼓励。

  轮到妞妞的时候，妞妞上台介绍了自己，她想了很久都没想到要表演什么，最后含着眼泪说："我不会表演。"园长见妞妞紧张得快要哭了，赶紧说："我们欢迎妞妞加入我们的大家庭，有请下一位小朋友。"

  下台后，妞妞不开心地扑到了妈妈怀里。妈妈安抚了妞妞，她本以为这是一件微不足道的小事，并不会对妞妞有什么影响，直到老师打来电话，她才意识到开学典礼上的才艺表演在妞妞心中落下了很大的阴影。

  "妞妞妈妈，妞妞在学校里很不合群，她不爱和同学玩，不爱和同学说话，就连吃饭都是一个人躲在角落里静悄悄地吃。"老师说，"以我多年的教学经验来看，我觉得妞妞应该有心事，如果不开好好导，对她以后的成长很不利。"

  妞妞妈妈仔细回想了一下妞妞最近在家里的表现，也像老师说得那样沉默寡言，这让她意识到了妞妞真的不对劲，因为妞妞在没上幼儿园前是很乐观开朗的。

晚上睡觉前，妈妈将妞妞搂到怀里，耐心地问妞妞为什么不爱和同学相处。

妞妞说："妈妈，别的小朋友都会表演节目，我怎么就不会呢！他们都好棒，只有我是最差的。"原来，妞妞是因为自卑而不愿意和同学们玩。

妞妞不会唱歌，也不会跳舞，其实不是妞妞笨，而是妞妞妈妈没有教，她想让妞妞自由自在地成长，毕竟上学后就没那么多自由时间了，哪想到妞妞会因为一个小表演而失落。找到原因后，妞妞妈就将妞妞送去了才艺班，让孩子学习她最感兴趣的唱歌。

经过一段时间的学习，妞妞学会了好几首歌曲，又变得自信乐观了。

从孩子上学后，每逢六一、国庆、元旦等大的节日，学校都会举办一些节目来庆祝。这时候，多才多艺的孩子将会成为老师眼中的宠儿，将会在舞台上展现自我，绽放光芒。不只在学校内，即使将来步入社会，多才多艺的孩子也是很占优势的。所以，现在越来越多的父母开始注重孩子的才艺培养。

需要注意的是，在培养孩子的才艺时，父母千万不要踏入以下几个误区。

误区一：孩子有天赋才能学才艺

"老师，我孩子的手不够长，她能学好钢琴吗？"

"老师，我女儿对色彩的认知很差，她可以学好画画吗？"

"老师，我孩子的平衡感不行，她不是学跳舞的料吧？"

……

我们让孩子学习才艺，不应该抱有让孩子成为职业的演奏家、画家、舞蹈家的想法，应该顺其自然，让这些才艺成为孩子生活中的点缀，为孩子以后的人生加加分。所以，只要把这些才艺当成兴趣爱好就行，不需要考虑那么多。

误区二：越早培养孩子的才艺越好

给孩子塑造一个享受艺术之美的环境，这件事情越早准备越好，当然，这不是让孩子小小年纪就开始学习各种才艺，而是为了让孩子及早地受到艺术的熏陶，而孩子的才艺培养需要循序渐进。要知道，任何学习都需要考虑孩子的生理成熟度，比如学习唱歌，这项才艺必须在孩子能把话说全的时候进行，这样才能达到一个好的学习效果。在孩子不能把话说全时，不妨先给孩子塑造一个环境。

误区三：让孩子学习多种多样的才艺

"我的孩子周六要学习跳舞，周日要学习钢琴，周一到周五还要挑两天晚上学习画画。"

"我的孩子从周一到周日，每天都要学习不同的才艺。"

现在，这种让孩子同时学习好几门才艺父母大有人在。不过，孩子们学习的效果怎么样？答案并不乐观。要知道，精和广往往是相互矛盾的。因此，当孩子表现出对多种才艺感兴趣时，父母可以选择孩子更为感兴趣的一个，将所有精力集中起来学习一门，才会取得一个不错的成绩。

误区四：学习才艺要下苦功夫

我们让孩子学习才艺的初衷，是让孩子提高自己的自信，让孩子在才艺学习中寻找快乐。太过急功近利地让孩子去学习，会让才艺变得枯燥无味，孩子会越学越辛苦。所以，父母要把握好孩子学习才艺的时间，不要让学习才艺变成一项苦差事。此外，要抱着欣赏的态度去看待孩子才艺学习的效果，支持孩子的点滴进步。

才艺是女孩"傲娇"的资本，让孩子学习不同的才艺，会有不同的收获。学习舞蹈可以培养孩子的身体协调性；学习音乐能培养孩子的节奏感；学习绘画能培养孩子的观察力，提升孩子的审美艺术；等等。这需要父母多多用心，帮孩子找到兴趣所在，并加以规划、引导孩子去学习。

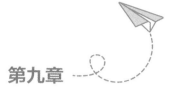

第九章

不打不骂，才是靠谱的爸妈

棍棒教育，大宝会抗命，二宝也不从

　　简单粗暴是最可恶的教育。很多激进父母把棍棒教育当作灵丹妙药，他们只看到了将孩子打一顿之后的"药到病除"，却不知道这种教育会给两个孩子的一生造成多坏的影响。

恨铁不成钢！恨就能成钢？

　　小新爸爸在赶往幼儿园的路上正巧碰见了小荣爸爸，见小新爸爸一副愁眉苦脸的样子，小荣爸爸关心地询问道："这是怎么了？出什么事了？"

　　小新爸爸叹了口气，苦恼地抱怨说："还能有什么事！我家那两个混世小魔王，又在幼儿园里瞎闹。这不，被请父母了……还是你家有先见之明，就生了小荣一个，又乖又听话，都做班长了。"

　　小荣爸爸很惊讶，说道："不会吧？我觉得小新和小小新很听话，小荣在家里还经常说，小新和小小新感情特别好，小新也很照顾弟弟。"

　　小新爸爸皱着眉头，有些气愤地抱怨道："兄弟俩感情倒是好，都好到一块闹革命了！前两天我刚把小新收拾了一顿，结果呢，他不仅不认错，居然拉着弟弟一块跟我闹脾气，现在两兄弟看我那小眼神，跟看阶级敌人似的，真是三天不打上房揭瓦！"

　　听了这话，小荣爸爸脸上闪过一丝不赞同，语重心长地说道："唉，你怎么能对孩子动手呢？小孩子都会调皮捣蛋，这很正常。虽然我家就小荣一个孩子，但他其实也是个惹祸精，闹腾得很。但我从来没因为这些事揍过他，也不会因此去骂他。打骂是解决不了任何问题的，反而可能让孩子更加和父母拧着来！"

小新爸爸想了想，好像还真是。每次自己收拾完小新，之后几天他就会伙同弟弟小小新一块更变本加厉地折腾。想到这里，小新爸爸不好意思地挠挠头，请教道："那你平时都是怎么教育小荣的？"

小荣爸爸笑道："要记住，别把孩子当犯人，你越是给他们施高压，他们的反抗就会越激烈！所以，其实你只要好好和孩子讲道理，别总是俯视他，对他凶巴巴的，你就会发现，他们其实要比我们想象得更聪明，更敏锐，也更讲道理。"

小新爸爸有些不好意思，但又有些无奈地叹了口气："唉，我这也是恨铁不成钢啊！"

小荣爸爸拍了拍老朋友的肩膀："难道恨了就能成钢了？"

"恨铁不成钢。"这是许多父母气急败坏教训孩子时候最贴切的心情写照，但就像小荣爸爸说的，难道恨了就能成钢了？训斥、打骂、强制教育，除了让孩子学会敌对父母，甚至蒙上心理阴影之外，还能带来什么呢？尤其是家里有两个宝贝的父母，父母的强制教育只会引来双倍的反弹。

对于孩子们来说，父母是他们最初接触世界、了解世界以及认知世界的媒介，他们会学习父母的言行，会通过父母的反应来建立自己的世界观，会根据父母的态度来进行自我认知。所以，如果父母懂得尊重孩子、体谅孩子，那么孩子也会因此而感激父母、认同父母；反之，如果父母带给孩子的都是训斥和压迫，那么反而会激发孩子的叛逆情绪，甚至让孩子陷入自我厌弃。

每个父母都希望自己的孩子听话又优秀，当孩子们做不到自己的期望时，难免会生出"恨铁不成钢"之感。但我们应该明白，在成长的道路上，孩子们需要的是引导和教育，不是责骂和强迫。孩子是独立的个体，不是父母的傀儡，他们更希望得到父母的尊重、理解，以及平等的态度。

为此，父母们应该从以下几个方面入手：

轻松聊天，检讨总结

在孩子们的成长路上，最需要的就是陪伴。父母每天应该抽出一段固定的时间，和孩子们坐在一起轻松地聊聊天。在和孩子聊天的过程中，父母的情绪不要有太大波动，即便知道孩子闯了祸，也不要急着训斥或纠正他们，而应该引导孩子进行自我检讨，并对孩子坦白诚实的态度给予肯定。如果父母一听说孩子犯了错就劈头盖脸地训斥他，那么下一次孩子就未必再有勇气向父母坦承了。

用"竞赛"的方式激励孩子

促使孩子进步的最有效的方法是什么？不是棍棒，不是责骂，而是激励。家有两个宝贝的父母可以考虑用"竞赛"的方式来激励孩子，让两个宝贝之间形成一种良性的竞争关系，互相比赛，互相进步，这一点我们在前面已有所提及。需要注意的是，在激励孩子们展开竞赛的同时，父母要时时关注孩子的情绪状况，不能表现出厚此薄彼的倾向，否则可能会对孩子之间的感情产生不好的影响。

批评孩子，一定要注重表达的方式

　　这几天，小磊一直下意识地躲着爸爸，不和爸爸一起玩游戏，也不像从前那样喜欢腻在爸爸身边了。就连贴心"小棉袄"的妹妹蕊蕊也是，一见到爸爸就没有好脸色。妈妈觉得很奇怪，不知道这兄妹俩和爸爸到底在闹什么别扭，可是问小磊爸爸，他也是一脸迷茫，根本不知道究竟发生了什么事。

　　趁着爸爸今天加班不在家，妈妈把小磊和蕊蕊叫到跟前，几番询问之后终于知道究竟发生了什么事。

　　原来，前几天妈妈有事回老家时发生了一件事，小磊因为和小朋友在幼儿园里打架被叫了父母，去处理这事的人就是爸爸。

　　前些日子，为了准备六一儿童节的表演节目，在老师帮助下，小磊和班上一群小朋友一块排练了一个话剧表演。蕊蕊和小磊在同一个幼儿园，虽然兄妹俩不同班，但蕊蕊时常来找哥哥玩。这天，小磊他们正在排练，班上几个调皮的小男生见到蕊蕊过来，赶紧冲过去把她堵在门口，不让她进教室，说她是"间谍"，要来偷看他们班排练节目。蕊蕊被几个小男生一吓，抽抽噎噎哭了起来。

　　一听到妹妹的哭声，小磊赶紧冲了出来，结果一冲动就和几个小男生扭打到一起，还把其中一个小男生的鼻子给揍出了血，惊动了老师。其实小磊和那几个小男生平时关系不错，双方在老师的调节下也很快握手言和了，但毕竟有孩子受伤，所以老师还是尽职尽责地通知了这些孩子的父母。

本来这事也不能说完全是小磊的错，但恰好那天，小磊爸爸接到电话的时候，正因为工作上的事焦头烂额，儿子又出了这档子事，可想而知，小磊爸爸的心情有多糟糕。于是，一进老师办公室，小磊爸爸就气愤地骂道："小兔崽子，怎么那么不省心！这才多大年纪就敢打人，以后大了要怎么办！挨顿揍，你才知道消停，是不是？"当时要不是老师拦着，小磊爸爸都差点直接上手揍小磊了。

把事情的原委向妈妈交代之后，小磊委屈又气愤地叉着腰说："我讨厌爸爸！我都已经和小朋友道过歉了，而且，如果不是他们欺负妹妹，我也不会揍他们！但是爸爸当着这么多人的面骂我，还想揍我！我以后再也不喜欢爸爸了！"

站在一边的蕊蕊也叉着腰，奶声奶气地说着："我……我也最讨厌……最讨厌爸爸！"

不管出于什么原因，小磊打了人，这肯定是不对的，如果爸爸能够好好和他讲道理，那么小磊知道自己做错事情之后，肯定不会因此和爸爸闹别扭。但爸爸却一气之下，什么都没问就当着大家的面责骂了小磊，结果反而激起了小磊的反抗意识，甚至因此伤害了父子间的感情，就连妹妹蕊蕊也因此对爸爸有了意见。

很多父母其实也都和小磊爸爸一样，觉得孩子年纪小，什么都不懂，所以做事之前根本不会去考虑孩子的面子和尊严问题，经常不分青红皂白、不分场合地批评孩子。然而，事实上孩子并不像我们所认为的那样"懵懂"，甚至，孩子有时要比大人敏感得多，也更重视自己的尊严和面子。

英国作家洛克就曾告诫过父母们："对儿童进行批评教育，得在私底下进行；而对儿童进行称赞表扬，则应该当着众人的面进行。对于儿童来说，当众受到称赞与表扬，再经过一番传播，有着非常重大的意义，他们会为之而骄傲，并在以后的岁月中付出更多努力以期求得更多的赞扬。而如果当众宣布儿童的过错，则会让他们感到无地自容，甚至是悲观失望，而父母也将失去制衡他们的工具。"

美国著名儿童心理学家詹姆斯·杜布森博士说："让孩子失去自尊心的方式有千百种，但帮助孩子重建自尊却是一个极其困难和漫长的过程。"

为了孩子能够更加健康、快乐地成长，在批评孩子的时候，父母一定要注意自己的表达方式，别让孩子成长的天空布满阴霾。

更新你的教育理念

面对做错事的孩子，不少父母喜欢当众进行批评，甚至人越多，越批评。这些父母认为：一方面，当众批评教育能激发孩子的羞耻心，让他牢牢记住做错事情的教训，以后不敢再犯；另一方面，当众批评教育孩子还能让其他人知道，虽然孩子做错事情，但父母的家教是很严格的。

如果你也有这样的想法，那么赶紧更新你的教育理念吧！不管抱有怎样的目的，有一点是毋庸置疑的，那就是当众批评往往会对孩子造成无法弥补的心灵伤害，这可比孩子的错误行为严重多了。在批评孩子的时候，还是私下进行比较好，而且一定要避免说出那些可能伤害到孩子自尊心的话。

两个孩子，一褒一贬不可取

很多父母在批评孩子的时候，喜欢说一句"你看看××"，于是"××"这个"别人家的孩子"几乎成了孩子们的全民公敌。而一些家庭在有了二孩之后，就开始喜欢把两个孩子拿来比较，尤其是当一个孩子乖巧懂事，另一个孩子调皮捣蛋的时候，一褒一贬的评价更是家常便饭。

其实，这种一褒一贬的批评方式是非常不可取的，只会激化两个孩子之间的矛盾，尤其对于总被批评的孩子来说，另一个孩子的地位就好像是那个讨厌的"别人家的孩子"一样，非常伤害彼此之间的感情。

就事论事，不要扩大批评面和翻旧账

有的父母在批评孩子的时候，常常喜欢翻旧账，或顺带把孩子的朋友都"黑"一遍。这样的习惯对孩子的成长教育是极为不利的，不仅不能让孩子意识到自己的错误，反而可能让孩子觉得父母小肚鸡肠，而且蛮不讲理，从而更加不愿意听父母的话。

批评教育的方法多种多样，但归于一点在于使孩子正确认识自己的错误，从而诚恳地接受批评意见。批评应使孩子振奋，而不是使孩子气馁，时刻要记住：尊重、理解、帮助、鼓励，这才是最好的批评。

无休止的唠叨，只会让两个孩子都烦

自从有了二宝小毛之后，琳琳妈妈感觉压力越来越大，既怕冷落了琳琳，又担心疏忽了小毛，恨不得把一分钟掰成两分钟来用，把家里的大宝、二宝都兼顾起来。

其实琳琳今年都已经上初二了，完全可以照顾自己，可妈妈还是不管什么事都不放心，每天出门上学之前都要不断叮嘱："路上小心，注意红绿灯。""放学了赶紧回来。""不要在路上乱吃东西，外面卖的东西不干净。"……

每天放学回来了，妈妈又要不停地"关心"："今天学校怎么样？老师讲的内容听不听得懂？和同学没有什么摩擦吧？""中午吃的什么呀？""我看对门晴晴妈给她请了家教，要不要周末给你请个家教？"……

听着妈妈喋喋不休的唠叨，琳琳无奈地翻了个大白眼，本来以为有了弟弟小毛，可以分散妈妈的注意力，自己就不必每天忍受"魔音穿耳"了，哪知道现在妈妈更是变本加厉了，没一刻清净……

弟弟小毛心里其实也很苦，他都已经是幼儿园的小男子汉了，可妈妈每天送他去上幼儿园的路上都要不厌其烦地一遍遍嘱咐："中午不要挑食。""不许抢小朋友的玩具。""如果有小朋友欺负你就告诉老师。""不许喝冰水，你这几天肚子不舒服。"……

小毛最大的心愿就是，能赶快像姐姐一样上初中，这样就能自己去上学，就不用每天听妈妈不停不停地嘱咐了……

琳琳妈妈的做法，相信很多父母都能理解。

当家里迎来第二个新成员之后，本来就紧巴巴的时间就更不够用了，既要分出时间照顾二宝，又要担心不小心忽略大宝，让大宝心里难受。于是，妈妈们把更多的关爱倾注在孩子们身上，希望让孩子们知道，妈妈爱你们，妈妈很关心你们，妈妈不会冷落你们——结果，大宝、二宝都烦了。

一家教育机构曾做过一项调查，内容是孩子们对父母最大的不满是什么，结果，有百分之五十的孩子都投票给了"父母的唠叨"。唠叨这事，确实可怕，哪怕这种唠叨是源于父母对孩子的关心与爱护。

我们一直在强调，在孩子的成长过程中，父母应该给孩子一定的自由，不要把孩子当成笼中小鸟一样去饲养。很多父母可能会说：我给了孩子足够的自由，我从不阻拦他们做自己想做的事，我也从不会去偷偷翻看他们的小秘密，我只是适当地关心、询问一下他们的情况，叮嘱他们一些事情——结果，不知不觉，这种"适当"地关心、询问、叮嘱就变成了让孩子们避之不及的唠叨。

对于孩子们来说，父母的唠叨又何尝不是另一种形式的"笼子"呢？

孩子需要的自由，不仅仅是身体行动上的自由，更多的是一种精神方面的自由，他们需要父母信任他们，尊重他们。对于父母来说，唠叨是出于对孩子的爱，可在孩子看来，父母的唠叨却是对他们的不信任，不信任他们可以照顾好自己，不信任他们有能力去处理自己的人际关系，不信任他们会乖乖的绝不闯祸——因为不信任，所以才一遍遍重复，一遍遍叮嘱，一遍遍警告！

美国杜克大学的心理学专家坦娅·莎特朗曾做过一项关于孩子卫生问题的调查研究，结果发现，如果父母们总是对孩子的卫生问题喋喋不休，唠叨不停，那么孩子反而很可能会故意反其道而行，让自己的卫生问题更加糟糕。

由此可见，父母的喋喋不休只会让孩子们越来越厌烦。所以，别再对孩子唠叨了，给予他们一些信任吧，也给予他们一片精神自由的天空。

及时打住，叮嘱也得有个度

随着年龄的增长，孩子独立自主的意识会越来越强，而父母也该开始调整对孩子的管理和约束。尤其是在叮嘱孩子事情的时候，一定要有度，不能没完没了说个不停，更不要事无巨细，什么都要管到。很多时候，孩子远比我们所以为的要更加聪明，也更加成熟，点到即止的提醒远比事无巨细的唠叨更容易让孩子接受。

用平等的态度和孩子交流

很多孩子之所以反感与父母进行交流，最关键的一个原因就在于，父母们总是喜欢摆出一副"过来人"的样子，高高在上地告诉孩子，什么该做，什么不该做，如此，再有用的话，在孩子听来也是厌烦的。

每个人都希望自己受到尊重，大人如此，孩子也一样。所以，在和孩子沟通的时候，父母一定要端正自己的态度，把自己放在和孩子对等的位置进行交流，而不是在一边高高在上地"指点江山"。只有这样，孩子才能真正听进你的话，也才会愿意和你交流。

停止唠叨，给孩子几点实际的建议

很多父母习惯根据自己的想法和节奏来教育孩子，把自己认为重要的、必要的东西一遍遍向孩子强调，却根本不管孩子需不需要。但事实上，相比孩子根本听不进去的唠叨，父母还不如给孩子几点实际的建议对他的帮助更大。

比如，当孩子为某作业题苦恼的时候，父母可以帮助他找点思路；当孩子不知道该如何处理人际关系的时候，父母可以有针对性地提几点建议。

一定要记得，停止唠叨，别用喋喋不休把孩子禁锢在可怕的牢笼中。

成熟的父母，从不和孩子"较劲"

下午，爸爸妈妈刚下班回来，就看到家里的大宝强强在欺负二宝闹闹。

强强叉着腰，指着散落了一地的飞行棋，恶狠狠地对弟弟说："赶紧收拾好！看你以后还敢不敢不听哥哥的话！"

看着强强一副"小霸王"的样子，妈妈有些回不过神来，平时强强和闹闹关系非常好，强强一直都很照顾弟弟，从来没见过他这么不假辞色的样子。莫非是闹闹调皮捣蛋闯了祸？

虽然这么想着，但看到坐在地上的闹闹一脸委屈的样子，妈妈心里又有些不确定，走过去问兄弟俩："发生什么事了？怎么把棋子弄得一地都是？"

闹闹委屈地扁着嘴，偷偷看了凶神恶煞的哥哥一眼，才吞吞吐吐地说："哥哥……和我下棋，输了，不高兴……骂我，还把棋子都丢了……"说着眼睛一红，眼泪吧嗒吧嗒就掉了下来。

听了半天，妈妈才总算明白了前因后果，原来强强和闹闹玩飞行棋，玩到一半，眼看快要输了强强不高兴，强行更改游戏规则，闹闹肯定不同意，哥俩就闹起来了，最后强强一怒之下把棋子都给推了，还训斥了弟弟一通。妈妈觉得错在强强，但是没想到，强强却倔强地扬着小脸，忿忿不平地嚷道："我一点儿都没错！

我是哥哥，他是弟弟，他就得听我的！这是爸爸说的！"

听到这话，妈妈和爸爸都愣住了，爸爸也一脸迷茫："我什么时候教你这种歪理了？"

强强大声说道："前天晚上爸爸就是这么说的！"

原来，前天晚上强强和爸爸爆发了一场争吵，导火索是之前强强和爸爸说好周末要和小伙伴一块儿出去玩儿，爸爸没多想就答应了，但强强根本没告诉爸爸，他们是约了晚上要一块儿去捉知了。平时为了孩子的安全，爸爸妈妈晚上都不会让两个孩子出门，爸爸知道，强强之前是故意没说时间，想要混淆视听，耍了个小聪明。被儿子"诓骗"，爸爸愤怒之余就和儿子较上了劲，愤怒地表示，不许强强出门。

强强偏偏不听，父子俩就这样吵起来了。吵到后来，爸爸更是连道理都不愿意讲了，直接搬出身份来压人。"你居然都敢跟老子叫板了，简直不像话，有这么不听话的儿子吗？老子说了今天不许去，那就是不许去，谁来说都一样！你是儿子，就得听老子的！今天，你哪里都不准去。"

这回倒好，不仅没能让强强认错，还让强强有样学样，摆出身份去欺负弟弟。

父母不讲道理，摆出身份来强迫孩子，这种做法是非常不好的，不仅会给孩子树立一个坏榜样，还有损父母在孩子心中的形象。当孩子认定父母不讲道理，只会用身份来压制自己的时候，再想在孩子面前树立威信就很难了。

从生理方面来说，孩子的身体和心智都还没有发育成熟，他们对这个世界的了解也还有许多不足，出于探索阶段的孩子有着强烈的好奇心和探索欲，自我控制能力也往往比较差。而从心理方面来说，孩子阅历较浅，涉世未深，在为人处世方面也没有什么经验，甚至可能还没有学会如何控制并调节自己的情绪。

但父母却不同，无论是从生理还是心理方面，父母显然都要比孩子成熟得多。所以，当孩子因为不够成熟而闯祸，或因为其他的一些原因而不听话，和父母"拧着来"的时候，父母应该做的，是耐心地引导孩子，让孩子明白自己错在哪里，而不是也幼稚地去和孩子"较劲"，恼羞成怒之后就干脆摆身份压人。

父母应当明白，和孩子"较劲"是起不到任何教育的效果的。你要想教导孩子，让孩子听话，就一定得学会戒"犟"，不要因为一时的不忿就总和孩子"较劲"。而要尝试着去走近孩子，理解孩子，这样才能真正进入孩子的世界，了解孩子的思想，实现真正的思想与灵魂的交流。

当然，这里也有一些方法可循。

不要总是否定孩子

不管孩子的想法有多么不切实际，作为父母，都不该不问青红皂白就直接否定。孩子愿意和你交流自己的想法，心中必然是抱着被认可的期待的，父母毫不留情地否决会让孩子感到很受伤，感觉自己不被理解，以后也很难再主动向父母打开心扉。

所以，对于孩子的想法，即便父母不认同，也应该控制好心态，去了解孩子为什么会这样想，而不是一开始就强硬地否定。

把命令变成商量

永远不要命令你的孩子，这是对孩子最基本的尊重。如果你不认同孩子的观点和打算，那么就尝试着去和他商量，想办法说服他。命令，或许可以让孩子在父母权威的压迫下屈服一时，却无法让他们真正意识到自己的决定有什么问题，长远来看，这对孩子未来的发展并没有任何好处。

理解孩子的"不听话"

孩子犯错，父母自然要批评教育，但同时，父母也应当理解孩子"不听话"的行为，理解他们对世界的好奇及探索欲。父母只有真正理解了孩子，才能保持平衡的心态，用正确的态度和方式引导孩子，教育孩子。

在孩子面前，把"不能"和"不要"咽下去

自从有了二宝静静，妈妈真是忙得焦头烂额。和大宝瑶瑶不同，瑶瑶从小就是个小淑女，乖巧听话，从来不给妈妈添麻烦，也正因为瑶瑶太乖巧，所以爸爸妈妈才毫不犹豫地又迎来了第二个新成员。可没想到，这二宝虽然取名叫静静，却是个比小子还闹腾的小闺女。尤其让妈妈头疼的是，这静静自己闹腾也就算了，还常常把乖巧安静的瑶瑶也带得不安分，真是让人头疼不已。

周末休息在家，妈妈招待前来拜访的朋友，瑶瑶在一边自己乖乖地看童话书，静静则在小房间里睡午觉。本来一切都很平静，可静静午觉一醒，麻烦就接踵而至了。

一开始，静静只是在屋里瞎转悠，过了一会儿直接抢了瑶瑶的童话书，把瑶瑶拉到了钢琴前，两个人开始在琴键上乱敲。听着一阵阵的噪音，妈妈回过头大声冲女儿们喊道："不许再弄钢琴了，停下来，噪音吵死人了！"

听到妈妈的批评，瑶瑶有些沮丧，低落地抱着布娃娃乖乖坐在了角落里。静静则不高兴地吐了吐舌头，回了自己的小房间，不一会儿就抱着个皮球出来了，又开始拉着瑶瑶闹腾起来，抱着小皮球拍来拍去。

妈妈刚打算继续训斥女儿的时候，被朋友制止了，朋友对瑶瑶妈妈说："不要

总对孩子说不许做这个，不能做那个。你想制止孩子做一件事情其实很简单，只要想办法转移孩子的注意力就行了。"

说完，朋友转头笑着对瑶瑶和静静说："小美女们，帮阿姨一个忙好不好呀？去看看阿姨放在隔壁房间梳妆台上的包包里有什么好东西！"

听了这话，静静马上把小皮球塞到瑶瑶怀里，自己兴冲冲地跑进了隔壁房间。没一会儿，静静就兴奋地跑了出来，手里还拿着两个漂亮的布娃娃，兴奋得又叫又嚷。

朋友又继续笑道："小美女们，这样子，如果你们能乖乖地保持安静，并且给这两个布娃娃换上漂亮的衣服，扎上可爱的小辫子，那么阿姨就把这两个娃娃送给你们，好不好？"说着，朋友示意妈妈翻出了许多好看的小布片和小丝带递给小姐妹。

之后一个多小时，瑶瑶和静静都乖乖待在自己的小房间里玩布娃娃，没有再发出任何吵闹的声音。看着一直闹闹腾腾的女儿变得这么乖巧听话，妈妈心中颇是感慨。要知道，以往为了让女儿乖乖安静下来，哪次都是免不了一场训斥和吵闹的。

此后，妈妈开始改变对女儿们的教育方式，每当她试图阻止两个女儿做一些事情的时候，她都会想办法让她们转移注意力，而不是再像从前那样强硬地命令她们"不准""不许""不能"。令人欣喜的是，这种做法收到了很好的效果，闹腾的静静也变得越来越善解人意，和瑶瑶一样成了妈妈的贴心"小棉袄"。

"不能""不要""不许""不准"……父母们总喜欢用这种方式对孩子的行为做出限制，却往往没有耐性去告诉他们，究竟为什么"不能""不要""不许""不准"。毕竟每天要做的事情那么多，父母不可能事无巨细都给出孩子一个解释，但这样造成的结果是，孩子根本不明白自己为什么会被训斥，也根本不明白父母为什么要限制自己，久而久之，就会形成"父母不讲道理"的印象。

所以，当你没有时间和精力给孩子一个明确的解释时，还是把诸如"不能"和"不要"之类的词咽下去吧，试着转移一下孩子的注意力，你会发现这样做比强迫和命令带来的效果更好。

用新事物转移孩子的注意力

当你不希望孩子做某件事，但却因为一些原因而没有足够的时间或空间来给孩子讲道理的时候，不妨考虑用其他新事物来转移孩子的注意力，让孩子主动停下正在做的事。孩子的注意力其实是很容易被分散的，如果你用强硬的态度去命令孩子，训斥孩子的话，更容易激起孩子的逆反情绪。

巧妙引导孩子的行为

当年幼的孩子懵懵懂懂地靠近可能造成危险的东西，比如热水瓶的时候，很多父母第一反应可能都是冲过去，强硬而直接地把孩子抱起来，让他远离危险。这种方法其实并不高明，父母强硬的行为很可能会引起孩子的反感，因为他不知道自己究竟做错了什么，甚至还可能激发孩的逆反心理。

这时候，父母其实可以先想办法迅速吸引孩子的注意力，比如大声喊他的名字，然后再用其他安全的东西转移孩子的注意力，这样既能让孩子迅速远离危险，又不会引起孩子反感。

为孩子的行为设定"安全线"

为了孩子能够安全、健康地成长，父母应该给孩子制定一些规则，设定好"安全线"，让孩子明白哪些事情是必须做的，哪些事情是坚决不能做的。当孩子接受并且习惯了"安全线"之后，自然就不会做出格的事情了，"不能""不要""不许""不准"之类的语言也就不会常常出现了。

给孩子一点"破坏"的自由

前一阵子，爸爸去国外出差，带回了一个非常精致的石英钟，钟声非常有特色，价格也不便宜。妈妈很喜欢这个石英钟，把它摆放在了客厅最显眼的位置。姐姐姐姐和弟弟大伟对这个石英钟也特别感兴趣，两人爱不释手地摆弄了很久。

一天下午，妈妈下班回家一看，发现客厅里的石英钟居然不见了，妈妈大惊失色，心想莫非是来了小偷？但四处环顾一圈，却发现其他物品都摆放整齐，并不像有小偷进来的样子。莫非是孩子们拿走了石英钟？可是，那两姐弟拿走石英钟有什么用呢？如果是喜欢的话，直接告诉爸爸妈妈不就行了吗？

晚上，姐姐和大伟早早做完作业之后，就神神秘秘地进了小房间，敲敲打打地不知道在干什么。妈妈偷偷一看，脸顿时就黑了——石英钟，此时此刻被拆得七零八碎！

妈妈怒气冲冲地把女儿和儿子提溜了出来，抬起手就要朝两人身上招呼，但这个举动让儿子瞬间就哇哇大哭了起来。姐姐赶紧把弟弟拉到身后护了起来，满脸委屈地低声说："别打弟弟……是我让弟弟拆的……"

这时候，爸爸也到家了，赶紧拉住妈妈，看了看女儿又看了看儿子，最后严肃地说："先吃饭，等吃完饭再说。"

趁着吃饭的时候，在妈妈示意下，姐姐和大伟赶紧开始自我检讨，向爸爸妈妈承认了自己的错误，并说明了事情的原委。原来前些天，老师在手工课上讲了一些制作手工门铃的知识，姐姐就想自己动手给家里做一个，但翻翻找找，材料却不够。正巧爸爸把石英钟给带了回来，大伟知道姐姐一直缺做门铃的材料，就献宝似的把石英钟给拆了，拿了一堆零件给姐姐。于是，昂贵的石英钟就这样在小姐弟俩手里"死无全尸"，变成了一个奇奇怪怪、不伦不类的门铃。

见女儿和儿子认错态度还算诚恳，妈妈此时的怒火也已经熄了大半，而爸爸却很坦然地说："算了，先吃饭吧，一会儿看看还能不能再给组起来。"

当然，后来可怜的石英钟也没能恢复本来面目，但爸爸却安慰他们说："虽然我们损失了一个石英钟，但却训练了你们的动手能力，这一爱好没什么不好。"

受到爸爸的鼓励之后，这对小姐弟依然时不时地一起合伙"破坏"一下家里的小物件。大伟小学毕业那年，参加了一个全国性质的青少年发明大赛，并在姐姐的帮助下拿出了非常有趣的作品，最终获得小学生组的金奖。

每个孩子在成长过程中都难免会有破坏行为，比如在墙上乱涂乱画，拆卸家里的小物件，把妈妈的口红弄得惨不忍睹……这些行为确实让父母头疼不已，但其实，孩子的破坏行为完全出自对事物的好奇与探索，也正是因为有着这份好奇与探索，他们的思维得以锻炼，能力得以提高。

日本的发明大王中松义郎小时候就是个特别喜欢搞破坏的孩子，因为强烈的好奇心，有一次趁父母不在家时，他把家里刚买的一辆小汽车给拆成了一堆零件。他的父母得知以后，不仅没有因此而怪罪他，反而鼓励他继续保持自己的探索精神。后来，中松义郎成为伟大的发明家，50年间，他所发明的科研成果就达到了2000多项。

所以，面对孩子的破坏行为时，父母不要生气地训斥甚至打骂孩子，应该理智一些，了解孩子"破坏"的缘由，然后再进行正确的引导。著名的发明家爱迪生说过："善于创造的人，往往都具有一个奔驰的脑筋。"珍惜孩子"奔驰的脑筋"，就是保护好孩子对事物的好奇心与对世界的求知欲。

如果孩子想要撕书，就给他一本不重要的书撕一撕；孩子想要画画，就找一张干净的纸给他画就好了；也可以给孩子选择一些可以拼接、拆装的玩具。

当然，如果孩子的破坏行为过了度，甚至造成了别人的麻烦和困扰，父母也应该给予一定的约束和引导，这是为人父母必须担负起的责任。

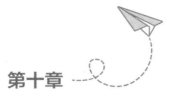

第十章

不惯不溺，幸福的孩子苦着教
现在让他俩吃苦，是为了他们以后的幸福

卢梭曾说："你知道运用什么方法，一定可以使你的孩子成为不幸的人吗？这个方法就是对他们百依百顺。"溺爱带给孩子的不是幸福，恰恰相反，它才是孩子不幸的开始。

你越溺爱谁，就越是害了谁

　　同芳今年40岁了，有一个10岁的儿子正在上小学。年轻的时候，同芳就想再生一个"小棉袄"，每次看到别人的女儿，她的心就感觉融化了。二胎政策推行后，她重新燃起了生女儿的希望，并幸运中年得女。

　　同芳对女儿特别疼爱，平时在家吃饭，好吃的肯定会第一个给女儿享用。女儿不肯吃蔬菜，吃肉只吃瘦肉，有一点肥肉都不行，于是家里的瘦肉成了女儿的"专利"。

　　和哥哥一起玩耍的时候，如果只有一个玩具，同芳肯定要让女儿玩。女儿总是乱扔玩具，扔了同芳就捡回来，女儿再扔她再捡，还会拍手叫好，说女儿有了新本领。

　　但是，没想到女儿越长大越放肆，看电视整天霸占，爸爸看下新闻或天气预报都难。在家里跟大人说话就像下命令一样，只要谁不如她意，她就哭闹、发脾气、砸东西，有时还会打爸爸妈妈！

　　同芳不躲避，还满脸自豪地说："我女儿从小就是公主脾气。"

　　有朋友提醒同芳不能这么娇惯孩子，但同芳似乎很不以为然："女孩子就应该这样当公主娇生惯养，以后才能找一个疼她、爱她、把她捧在手心里的好老公，不然以后被穷小子一块糖就骗走了。"

同芳爱自己的女儿吗？毋庸置疑，只是这不是真爱，而是一种溺爱。

这样的家庭既悲哀，又危险。因为，长期被溺爱的孩子，最容易得出来的结论就是："我是最重要的！""一切都是我做主！""所有人都得以我为中心！""别人为我做什么都是应该的！"……他们一切以自我为中心，根本不知道为他人着想，不会将心比心，自私又自利，性格骄横，目中无人，行为乖张。

可见，你越溺爱谁，就越是害了谁。

不少父母都知道溺爱孩子不对，却往往分不清爱和溺爱究竟有什么区别。那么，接下来我们就一起谈谈如何给孩子合适的爱并避免溺爱。

不要让孩子享受"特殊待遇"

所谓的特殊待遇，是指孩子在家中地位高人一等，处处受到特殊照顾。要吃饭，一定做他喜欢吃的菜。出门玩，去哪儿孩子说一不二……这样孩子就会自感特殊，习惯于高高在上。

在家中，每一个家庭成员都是平等的，没有谁有什么特殊的意义，特殊的地位。所以，正确的做法是一视同仁，在日常生活中，要尽量不给孩子特殊待遇，好的东西大家一起分享，他有的，别的家庭成员也要有。总之，要让孩子知道自己与别人是一样的，没有任何不同的地方。

让孩子体验到爱是相互的

有人问一个孩子："你妈妈是做什么的？"

孩子回答："给我缝衣的。"

"你爸爸呢？"

孩子翻翻白眼："给我们挣钱的。"

这样的回答多么自私无情，是孩子们天性自私不懂爱吗？人之初，性本善，孩子本是爱的天使，只是由于我们的疏忽漠然，以及一些不恰当的做法，使他们忘记了别人的重要性，忽略了家人的痛苦、需要，忘记了什么叫爱。比如，当孩子吃好东西的时候，有时会主动地喂给爸爸妈妈，但爸爸妈妈为了让孩子多吃，往往会拒绝说："宝宝吃，妈妈已经吃过了。""你吃了就等于爸妈吃了。"……

爱是互相的，我们爱孩子，也要孩子爱我们。所以，在给予孩子爱的同时，我们也要接受孩子的好意，对爱自己的人产生感激之情和回报之心，学着用力所能及的方式关心别人。我爱你，我愿意为你付出，同样的，要想让别人爱你，你也得想办法让别人为你付出，这是一种积极的互动。

当孩子吃好东西的时候，说一句"好香，让妈妈尝尝好吗？"通常孩子会举起小勺送过来，你吃一口，对他表示赞许。

买菜回来累了，叫孩子倒杯水；

腰酸腿疼时，让孩子给捶捶背；

出门的时候，让孩子帮忙拎包；

亲吻孩子脸的同时，要孩子回吻；

给孩子买礼物时，让孩子说句"谢谢"；

……

总之，只要我们教育得法，孩子自会明白，从长辈这里获得爱，也要以爱相回报。

训练孩子的"同理心"，越早越好

所谓同理心，就是一种能站在别人的立场上，从他人的角度思考问题，能够体会他人情绪和想法。说白了就是将心比心，引导孩子设身处地想他人之所想，急他人之所急，乐他人之所乐。这对孩子能否具有爱心，能否与兄弟姐妹、家人、朋友和谐相处都非常重要。

比如，如果孩子做了什么事使你不快时，你要明确告诉他你的感受，让孩子想一想："如果你受到这样的对待，将作何感想？"也可以利用生活中、电视上出现的情景，和孩子一起开展"假如我是……"的角色换位活动，使孩子养成理解、体谅他人的良好习惯，改变原来的态度。

溺爱不是真正的爱孩子，真正的爱应该是让孩子学会爱别人，尊重别人！

重养男孩，轻养女孩，两个孩子都被毁

热播电视剧《欢乐颂》中，樊胜美的父母本来只是小配角，可一露脸就登上了网络热搜榜，被众人纷纷指责，因为他们实在是"极品"：

"你一个月赚1万，你哥才赚3000，帮一下他怎么啦？"

"你哥都养不起孩子了，奶粉都买不起贵的，你忍心吗？"

"赶紧把钱打回来，你自己租房不就行了？女孩家的，买什么房？"

"虽然房子是你付首付还贷款，但房子应该归在你哥名下，不能归在你的名下。免得到时候你嫁人，房子就归别人的姓了。"

"好好在外面赚钱，买衣服没用，只有赚钱，你哥哥才能过好日子。"

……

这对父母之所以被众人指责，就在于他们太重男轻女，只知道一味地宠溺儿子，却完全不顾女儿的不易和辛酸。拿了女儿辛辛苦苦赚的钱，还嫌女儿对家里照顾不周。结果是，31岁的樊胜美虽然拿着高工资，但一分存款都没有。

重男轻女在中国社会是一个根深蒂固的观念，虽然现在时代已经变了，这种观念没以前那么严重了，但重男轻女的父母也不少见。在二孩家庭，如果两个都是男

226

孩，或者两个都是女孩，父母基本没有太大的偏心。唯独，一个是男孩，一个是女孩，而且父母的人力、物力、财力不太够，差别就出来了。父母的重心不可避免地会转移到男孩身上，对于女孩则话里话外各种轻视和压制。

女孩小学成绩好有什么用，到了初中，马上就会掉下来。

女孩子脑子笨，数理化比男孩差远了，补也没用。

即使侥幸上了大学，工作还不一定不找得到呢。

钱赚得多又怎样？还不是一个嫁不出去的老姑娘？

女孩这么辛苦干什么，找个有钱老公就行了。

女人结了婚就得相夫教子，以家庭为重。

……

这些话是不是都很耳熟？

在这里，我们要提醒大家，重养男孩，轻养女孩，两个孩子都被毁。

看一看樊胜美和哥哥的境遇，就能一目了然。

由于父母重男轻女的极端性，樊胜美一直要补贴家里，甚至为哥哥一家的生活买单，她的家庭负担太重，经济上的不堪造就了她金钱为上、虚荣、拜金的品性。她虽然活得很光鲜，但内心却有"我低人一等"的感觉，担心爱人的家庭看不起自己，没有安全感，不敢谈恋爱，一直拖到大龄。

而樊胜美的哥哥不思进取，上中学时就被学校开除，以啃老维持生计，整天好吃懒做，还嗜好赌博，惹是生非。打了人，丢下孩子老婆、老父老母跑了；欠下了数不清的债务，逼着父母和妹妹给自己还债务；父亲生病了，哥哥知道妹妹有了男朋友，居然把父亲扔到了未来妹夫的家门口……

重男轻女这种思想可能会毁了两个孩子的一辈子。

那么，重男轻女这种扭曲的思想为何如此根深蒂固？

一部分是为了延续香火，传宗接代。有些人认为，只有男丁才是家中的香火，才是我们的后代。女儿都是嫁给别人的，生的孩子也是别人家的。

一部分是出于养儿防老的考虑。儿子是娶媳妇，永远是留在家中，孝敬父母的。而女儿是嫁出去的，哪里能顾得了娘家人。即使有钱要照顾娘家人，也得看公婆脸色。

在这里，真想说，父母和孩子也是一种缘分，不管我们生的是男孩女孩，都要给予他们相同的爱。不管富裕贫穷，一家人都应互相爱护。和男孩相比，其实女孩更心细、有耐心、更温柔，是父母的贴心小棉袄，时刻记着给父母买新衣，时刻惦记父母喜欢吃什么，心甘情愿伺候父母吃喝拉撒。

何况，当今社会男女之间的鸿沟越来越小，更多的女性崭露头角。假如我们留心一下便会发现，女性在很多职业领域的发展比男性要好，譬如在基础教育、翻译、媒体、护理等方面，女性的优势远远超过男性。只要女性不断提升个人能力，好好活出人生的价值，完全能顶"半边天"。

给予儿子女儿平等的爱和尊重，希望所有的孩子都能被温柔以待。

考好了要啥买啥——滥用奖励只会起到反作用

这段时间，铮铮的妈妈逢人便诉苦："从学前班到一年级，不知怎么回事，铮铮变得好像离开奖励就不愿学习了，好像学习完全就是为了我似的。"

原来，从学前班开始，为了让铮铮用功学习，妈妈就激励铮铮说："只要你好好学习，考好了要啥买啥。"果然，铮铮在学习上非常用功，表现也很不错，经常得到足球、玩具、零花钱等奖励。最近升入一年级后，铮铮向妈妈提出，这学期的奖励他想买一个iPad。妈妈担心铮铮迷恋游戏、动画片等，断然拒绝。结果，铮铮却"威胁"道："如果你不给我买iPad，我就不再好好学习！"

妈妈对此感到迷惑不解："这不成了为我而不是为他自己学习了吗？"

对这种现象进行分析，我们就会发现，这是因为父母滥用奖励而使孩子迷失了学习方向。

作为新时代的父母，现在很多人已经摒弃了传统的打骂式惩罚教育，开始学着使用奖励来正面强化孩子的行为，这种奖励不仅包括精神奖励，而且包括物质刺激，有时物质奖励还特别诱人。孩子考试成绩好坏不同，得到的精神、物质待遇截然不同，但有时奖励并不能达到我们想要的结果。

是奖励本身存在问题吗？其实，是我们使用奖励的方式出了偏差。

奖励是激发孩子学习动机的诱因，但是盲目、频繁地将外部奖励与孩子的学习联系起来，就使孩子的学习变得被动和具有功利性，内部兴趣反而受到抑制。好好学习、考出好成绩只为了获得奖励，或言之"为父母而不是为自己学习"，正如铮铮所说"如果你不给我买iPad，我就不再好好学习了！"

因此，在激励孩子的时候，我们的奖励方法一定要适时适量适度。

根据事情性质来决定是否奖励

当孩子完成0到1的突破时，比如初次一个人睡觉；第一次自己去买东西；第一次自己去上学……当孩子初次面临有难度的任务时，单靠内部的动机是很难完成的，此时运用奖励手段从外部激励是必要的，可以适当地给予一些奖励。如果是孩子已经有能力做好的事情，则不必给予奖励，否则容易画蛇添足。一旦哪天父母撤去了奖励，孩子失去了物质的刺激，积极性也会即刻下降。

标准需综合考虑家庭的经济能力

在对孩子进行奖励时，不能只考虑孩子的愿望和要求，而要基于家庭的经济能力，做出经济上能够承受的奖励。比如，有的父母工资不高，每月还着车贷、房贷，却经常给孩子购买高价消费品作为奖励。这样做偶尔一次还可以，否则会失去激励性，再想要激励孩子，只能用更高价值的东西，长此以往形成恶性循环，不但达不到激励效果，而且还容易骄纵了孩子，与奖励的初衷背道而驰。

想方设法使孩子认识到奖励的意义

对孩子进行物质奖励时，一定要使孩子认识到：关键不是这件东西有多贵重、多稀有，也不是"你付出了什么，我等价交易地付你报酬"，而是"你表现很出色""你这么做是正确的，我们都以你为荣"的行动表示。总之，父母要想方设法使孩子认识到奖励的意义，而不是让孩子感受到外在因素的控制。

其实，对于一些低年龄的孩子来说，他们更在意来自父母精神上的奖励，渴望来自父母的肯定和表扬，而非简单的物质奖励。所以，小红花奖励、语言激励往往比真金白银更有效果，更能激发孩子的成就感和自豪感。激发孩子内心自发的动机，这才是最持久有效的动力。

不要事先规定奖励，而是事后给惊喜

掌握奖励的时机，激励结果会有天壤之别。以考试为例，如果你事先和孩子约定好考出好成绩就去博物馆玩，那孩子就会认为自己是为了去博物馆玩才好好学习，而不是因为想获得知识。如果将顺序颠倒，事先不和孩子约定，但当孩子考试成绩有进步时，你再跟他说："你最近非常努力，这次考试有所进步。为了庆祝这个进步，这周末带你去博物馆玩吧。"这样不但给了孩子惊喜，同时也让孩子潜意识里知道"好好学习才会有奖励"。

每个"熊孩子"身后都有个护短的家长

马先生住在上海一所偏旧的小区，楼层一共26层，住着近百户人家。最近，他遇到了一个非常奇怪的事情，就是每次下班回家的时候，他都要等很长时间的电梯，因为电梯每一层都要停，但根本没人从电梯出来。

这天，马先生下班早了些，他正准备进电梯时，刚好一个妈妈带着一个七八岁的小男孩也进了电梯，小男孩看起来有些调皮，一进电梯就开始乱蹦乱跳。

见这位妈妈并没有制止孩子的意思，马先生忍不住提醒："小朋友，电梯里不能这样。"

结果这位妈妈不以为然地回答："孩子小，不懂事儿。"

几秒钟后，小男孩把电梯每一层的按钮都按亮了，这种电梯比较老式，若每一层楼都要开关一次真的很慢。马先生这才恍然大悟，原来之前就是这些熊孩子捣乱，于是皱着眉指责道："小朋友，你这样做是错的。如果这栋楼的住户有急事的话，这样需要等很长时间的电梯，很容易误事的。"

妈妈也不甘示弱："他还小，你那么凶干什么！"

"这种做法明明是错了！"马先生有些生气。

"和小孩这么计较，真没教养！"妈妈拉着孩子嘟嘟囔囔走出了电梯。

熊孩子虽然可怕，但更可怕的是袒护熊孩子的父母。

现实中，不少父母总是喜欢在别人面前说自己孩子的不好，但真的有外人指责自己孩子做错事时，大多数人却总拿"孩子还小，不懂事儿，你别计较"这句话当作借口，过分袒护孩子，纵容孩子的所作所为，推脱对孩子的管教无方。但年龄再小，也不是孩子逃避错误和责任的借口。

试想，如果父母不让别人指责孩子做错了，自己也不告诉孩子哪里错了，孩子犯了错意识不到，也不用付出代价，就无法分辨是非，这是多么可怕的认知，这是对孩子成长的严重不负责，不是吗？每一个孩子都具有极强的可塑性，父母的默许和不以为然，很可能会变成一种变相的鼓励。

《弟子规》中有这样一段话："无心非，名为错；有心非，名为恶。过能改，归于无；倘掩饰，增一辜。"意思是，假如无意当中做了坏事，叫作错误，而故意犯错，则是罪恶；知错能改，错误自然慢慢地减少直到消失。但如果为了面子，死不认错，百般掩饰，那就是错上加错了。

可见，犯错不是过，不改才是错。

那么，面对孩子的错误和过失，父母如何做才算正确呢？

孩子犯错了，父母要及时制止

当孩子犯了错误时，父母不能因宠爱而迁就，而应该严肃指出孩子的过失，使他认识到自己的错误。即使孩子一时想不通，耍些小脾气，也不要太在意，只要坚持下去，孩子才会真正认识到什么是对的，什么是错的，哪些是可以做的，哪些是坚决不能做的。比如，当孩子破坏公物、随地扔垃圾的时候，父母要及时制止，告诉他不可以那样做，并提醒他要爱护公物、垃圾入桶等。

引导孩子把错误当成学习的过程

孩子的成长是一个漫长的过程，他们的学习过程都遵循这样一条规律：错误——学习——尝试——纠正，在这样的不断循环中，他们才能够不断地学习和成长。如果父母故意帮着孩子掩饰过失，虽然孩子暂时免于责骂或担责，但同时也就失去了一次学习和成长的机会，这岂不是得不偿失？

所以，面对孩子的错误或过失，父母不仅要及时严厉地制止，而且应该抓住机会，引导孩子把错误当成学习的过程，教导孩子正确地看待错误，在错误中得到真理，找到做事的正确方法，这就是犯错的价值和意义。人都是在错误中成长起来的，日积月累，孩子自然会越来越优秀。

让孩子为自己的犯错付出代价

有些孩子自制力比较差，如果没有为相应的错误受到惩罚，那么错误还会延续下去。比如，有些父母看到孩子犯错后马上纠正，可能孩子意识到了自己的错，但由于没有受到惩罚，所以印象并不深刻，导致错误一再地出现。所以，让孩子为自己的犯错付出代价，是促使其成长和历练的一种方式。

有个11岁的男孩在院子里踢足球的时候，不小心把邻居家的玻璃踢碎了。邻居向男孩索赔12.5美元，当时这笔钱可以购买大约125只鸡。

男孩无力偿还，无奈之下，只好回家找爸爸。

爸爸问："玻璃是你踢碎的吗？"

男孩低着头回答："是！"

爸爸说："你踢碎的你就得赔。"

男孩为难地说："我没钱赔人家。"

爸爸说："这12.5美元我借给你，一年后还我。"

在接下来的一年里，男孩开始了一边学习一边打工的艰苦生活，他起早贪黑地擦皮鞋、送报纸，一年后终于挣回了12.5美元并归还父亲。

这位男孩叫里根，后来成了美国总统。

在回忆这件事时，里根说："通过自己的劳动来承担过失，我懂得了什么叫责任。"

让孩子为自己的犯错付出代价，虽然他会辛苦，但却成长快速。

大包大揽，孩子的生存力都会被扼杀

　　璇璇和渊渊是一对龙凤胎姐弟，妈妈觉得两姐弟的父亲在外地工作，于是全心全意为他们，大小事情几乎全部代劳，一直让孩子过着衣来伸手、饭来张口的生活。

　　看到妈妈每天忙前忙后，有时姐弟俩也想帮帮忙。姐姐想帮着洗衣服，这时妈妈看一眼就皱皱眉头："笨手笨脚的，也搓不干净，一边儿去吧，还不如我自己洗！"弟弟想帮着扫地，这时妈妈又会说："这是干的什么啊？跟草上飞似的！忙帮不上，净添乱！"一把夺过扫把，"哗哗"自己打扫起来。

　　现在，姐弟俩已经10岁了，但是大小事情依然都由妈妈代劳。早上起床，无论是穿衣服，还是叠被子，他们都得妈妈帮忙；就连吃个苹果，他们都需要妈妈削果皮，切成小块放在盘子里。有时妈妈实在感到劳累，便叫两个孩子做一些简单的家务，可是唠叨几遍他们都不动弹，无动于衷。

　　见此情景，每次妈妈都感到非常伤心，向他们控诉："我辛辛苦苦照顾你们两个，你们怎么这么懒，我真是生了一对白眼狼！"

　　这时姐弟俩都会无辜地辩解："不是我们懒，我们什么都不会呀？"

当孩子尝试自己倒水时，你是否因为已经预想到大半杯水倒在地上弄得一塌糊涂的情形而大声说："宝宝别动，妈妈来帮你。"

你是否因为孩子尝试自己穿衣而把自己的小肚脐露在外面，对他说："妈妈来帮你穿。"

你是否因为孩子尝试做饭，而把粥烧焦时说："笨手笨脚的，还是妈妈来做吧。"

……

在这样环境下成长的孩子将来即使考上了清华、北大也会回来安静地待在父母身边，因为他有足够的理由待在父母身边。他无法自己换洗衣服，没有办法自己做饭，无法适应没有父母照顾的生活……连生活都不能自理的孩子，是不能够自己独立生活的，更别提对社会有什么贡献了。

每个父母都是爱孩子的，每个父母爱的方式也各不相同，但是如果一个父母真的爱自己的孩子，就一定会为孩子谋之深远。什么才是深远呢？是给孩子最好的教育，是让孩子考上好大学、找到好工作还是其他？这些方式都对，但最重要的是让孩子能够独立自主，经得起未来人生道路上的风风雨雨。

不少父母习惯的做法是：当孩子不会做事的时候，毫不犹豫，大包大揽地替孩子做。但这种教养方式只会让孩子失去独立尝试的机会，各方面的能力得不到锻炼，而且还会对别人为自己做事习以为常，生存力都会被扼杀。在孩子习惯被照顾后，我们又抱怨孩子依赖性太强，缺乏独立能力。

对孩子越不放手，孩子越让你操心。

即使你为孩子做得再多，也不能替代他一辈子。

从长远看，如果我们真爱孩子，就应认真为孩子谋深远。

放开孩子的手，让他去实践

孩子自己能做的事情，一定要让孩子自己来做。可以根据年龄适当让孩子独立打理自己的生活，如3~5岁时自己刷牙、穿衣服、系鞋带等等；8~9岁开始学做饭、整理自己的房间、洗衣服等等。放开孩子的手，给孩子创造自己照顾自己的机会，形成一种"自己的事自己做，大人的事帮着做，不会的事学着做"的意识。通过实践，孩子也能够提高能力，积累经验，同时也积累自信。

赋予信任，相信孩子能够做好

父母放手的时候，也要做到放心，不要用怀疑的眼光看孩子，真的相信他，尝试利用短语来鼓励孩子，比如："你可以自己做到！""我相信，你一定不会让我失望。"来自父母的信任更能激起孩子的责任心，而且还可以增强孩子的自尊心和自信心。如果孩子失败了，父母也不要指责，而应帮助孩子分析原因，并给予指导，如此，才能让孩子放开手脚去做事，逐渐脱离父母，成为一个真正的个体。

例如，如果孩子要去洗碗，那么不要担心他洗不干净，或者弄湿衣袖，而只需在一旁观察，给予鼓励，并加以指导，让他自己练习就可以了。

不要插手，让孩子自己想办法

当孩子发出求助信号的时候，多数父母会第一时间上前去帮助。看似做了一件好事，却会让孩子养成一遇到问题不是自己思考而是求助的习惯。反过来想想，让孩子自己找出解决问题的办法，效果不是更好吗？既锻炼了孩子解决问题的能力，又满足了孩子独立的需要，还减轻了父母的工作量，何乐而不为！

比如，当孩子不知道怎样才能把拼图拼起来的时候，不要无时不刻在孩子旁边指指点点，甚至亲自上阵帮孩子拼好，应多让孩子自己想办法，"好好想一想，怎么比较好""你觉得可以的话，就试试这样做"……适当的时候也引导他们，先找最边上的部分，然后再寻找与每一块拼图有相同颜色的拼图。

孩子的成长是很惊人的，只要你相信孩子，给他们机会，他们一定会给你一个惊喜。

条件再好，也别对孩子无底线给予

老汪今年已经六十多岁了，早已过了花甲之年，育有两个儿子。年轻的时候老婆因病去世，他独自将两个孩子抚养长大，其中的艰辛只有自己懂。老汪觉得儿子已经失去了母爱，便想着法地补偿他们："你们要什么，我就给什么，只要我能做到。"这是老汪对两个儿子说得最多的一句话。

老汪年轻时有些手艺，靠打零工一个月才赚几千块钱，其中大部分都给了两个儿子。儿子们要什么，他就给他们买什么，小时候是玩具车、零食，再大些是高档服装、名牌手机，为此他更加努力地工作。后来两个儿子要结婚了，老汪拿出了自己的所有积蓄，给他们在县城一人买了一套房，自己则住在旧房子里。

看着两个儿子成了家，老汪心中无愧，可是儿子们却一直认为父亲还可以给他们更多，还隔三岔五地伸手要钱。

这天，两个儿子都从县城回来了，老汪很高兴，准备去炒几个菜，然后吃晚饭。其间，他准备回房间拿盐，只听得两个儿子在小声议论着什么，出于好奇，他停下了脚步。

"哥，咱们一起和咱爸要钱买辆车吧，你看现在谁家没有车啊？跟你说，咱爸肯定还有钱。只是，我有些担心，爸会给我们吗？"这是小儿子的声音。

"爸那么喜欢喝酒，我们今晚陪他好好喝，多说点好听的，然后说我们过得有多苦多累，压力有多大，他肯定就会给我们的。"大儿子说道。

"你说，爸现在还有多少存款？"小儿子问道。

"谁知道，让他给咱们再一人拿5万，应该够吧。"大儿子说。

听到这样的对话，老汪泪水忍不住地流："我几乎把所有的积蓄都给他们分了，现在还要这样来算计我，我这是养了两个白眼狼啊！"

相信，任何一个父母看到这里都会感到心酸，愤怒不已。

曾经，我们以为只有做个无私奉献的父母，才是好父母，孩子才会爱我们。只要孩子需要的，就是家庭需要的，孩子要什么都想方设法满足，任孩子予取予求，没有边界、没有底线地付出自己的一切：我们有这个经济条件，满足孩子的要求也没什么困难，为什么不能让孩子高兴呢？甚至没有经济条件的时候也声称："没钱借钱也要给孩子买，别的孩子有的，咱的孩子不能没有。"

然而，父母这样的自我牺牲会得到什么？无数的事实已经证明，在这样的教育下，孩子会觉得自己被爱是应该的，父母就该这样对我，对父母从来不闻不问；认为从父母那里得到东西是理所当然，理直气壮地不断索取；容易养成有求则须必应的玻璃心，一旦欲望得不到满足，很容易走极端。

关于这一点，卢梭在其著作《论教育：爱弥尔》中一针见血地指出："你了解什么办法可以让你的孩子痛苦吗？那就是，让他想要什么就有什么。他得到的越多，想要的也就越多，迟早有一天，你不得不拒绝他，这种意料不到的拒绝，对他的伤害，远远大过他不曾得到过满足的伤害。"

还记得上海浦东机场那场令人震惊的刺母血案吗？

汪佳晶在日本留学5年，从来没有打工挣过一分钱，其间的生活费和学费都来自单身母亲。汪母靠打零工一个月才几千块钱，虽然生活过得很拮据，但为了让儿子过得更好，她总是有应必求，还四处借钱，最后实在没钱给儿子了。结果，汪佳晶乘飞机回国，见到母亲后竟然从行李包内拿出两把尖刀，对母亲头部、手臂、腹部、背部多处进行砍、刺，造成母亲重伤。

我们抱怨自己那么爱孩子，为孩子付出那么多，为什么到头来孩子一点都不爱我们？

其实，孩子不是天生的"白眼狼"，这都是父母无底线、无限度给予的结果。

是的，养育孩子的路上肯定是需要牺牲的，可是对孩子无底线给予，这样的做法看似是毫无保留地爱孩子，但实际上根本不是真正的爱。所以，即便家庭条件再好，也别对孩子无底线给予。尤其是二孩家庭，更要注意这一点，因为一个"白眼狼"就已经令人伤神，两个"白眼狼"更伤心。

为此，父母需要从以下几方面多加注意：

爱要适度，不要百分百满足孩子

有个成语"欲壑难填"，意思是纵容欲望，欲望将是无止境的。在教育孩子时，作为父母，当你想要无原则地满足孩子的欲望和要求时，请扪心自问："我这样做是在爱孩子还是在害孩子？"爱要适度，不要百分百满足孩子，要告诉孩子，哪些消费是合理的，哪些消费是超标的，并适当地控制孩子的零用钱，即使你完全是可以满足他的。必须让孩子知道，不是想要什么就能得到什么。

吃穿用度上够用就好，杜绝铺张浪费

在早期的成长阶段中，孩子们不知道什么是必需品，父母给予什么，他们就接受什么。如果父母给了孩子过多不需要的东西，孩子们就会将这些当作生活的必需品。所以，在孩子的吃穿用度上，父母不要买过量的东西，够用就好。在生活的点点滴滴中，要教孩子杜绝铺张浪费，学会勤俭节约。

比如，给孩子买东西，父母要事先定好他要买的东西及价格上限；不要给孩子买太多名牌，衣服朴素一点也没什么，只要干干净净，孩子不会低人一头；在吃的方面也一样，不要孩子想吃什么就给孩子买什么。对于正在长身体的孩子来说，多吃水果蔬菜，营养均衡是最重要的；学习用品不能不喜欢了就换，笔要用到没有水才可以换新的，本子没用完也不能轻易丢掉。

给孩子灌输"要花钱，自己挣"的意识

太容易得到的东西，孩子往往不珍惜，就会有恃无恐，消费无度。在孩子还小的时候，父母就要教会孩子"自己去追求更好的"，给他们灌输"要花钱，自己挣"的理念。不管用什么样的方式，父母的最终目的是让孩子明白任何东西都要靠付出自己的努力和汗水才能得到，而不是一味地和父母索取。

森森和妹妹林林总是和妈妈要这要那，今天你要买一个脚踏车，明天我要买一个遥控车。妈妈这样告诉孩子们："孩子们，这个社会要想得到什么，就得付出什么。这样吧，你们帮妈妈做一次家务，就可以赚到一定的钱，如擦桌子一元，扫地一元，洗衣服两元，你们谁先攒够了钱，谁就买自己想要的东西。"

当孩子辛苦赚来钱之后，明白物质得来不易，自然就不会随意索取，也会有计划地花销。

让他俩吃点苦，培养孩子独自飞翔的能力

现在的孩子大都很聪明，但大部分最后都没能获得意料中的成功，原因就在于他们缺乏意志力，缺乏坚持到底的精神。让孩子吃点苦，其实不是为了让孩子吃苦而吃苦，而是一种心理承受力的锻炼，可以培养孩子坚强的意志、吃苦耐劳的精神，培养孩子的抗挫能力和耐挫能力，等等。

俗话说"人生不如意十有八九"，谁也说不准人生会遇到什么，孩子们如果从小没能品尝什么是苦难，什么是挫折，长大后其心灵必然是脆弱的，难以抵御人生风雨。

所以，父母有意识地创造一些条件，对孩子开展吃苦教育，非常重要，也很必要。

让孩子有机会体会生活的艰辛

无论大宝还是二宝，现在的孩子都是父母手心里的宝贝，但为了培养孩子的意志和毅力，父母要让他们有机会体会生活的艰辛，比如孩子上下学不必开车接送，而是让他们自己去挤公交车；或者让孩子参加武术、跆拳道等体育锻炼；在暑期可以让孩子做些零工，到乡下、贫困山区等地方体验劳作等，在这些艰辛与快乐中让孩子体会到生活的真谛，并且获得各方面的成长。

作为国际顶尖的女校，英国私立女校每年学费高达两三万英镑，但教育环境之艰苦让人大跌眼镜。据英国杂志刊载："木板床上只垫着一床薄薄的褥子，冬日的寒气会从老旧的窗户里不断渗透进来。早餐未必能比公立养老院提供的膳食好多少，仿佛还停留在简·奥斯丁的时代。"英国贵族们为什么花大钱把孩子送到如此艰苦的环境？就是希望孩子们在吃苦中磨炼意志，锻炼能力。

父母要主动与孩子一起吃苦

父母是孩子的第一任老师，只知道享受的父母，是不可能培养出一个能"吃苦"的孩子的，所以父母需身体力行发挥榜样的作用，主动与孩子一起吃苦，而不能只动嘴不动手。

比如，在寒冷的冬天，当孩子不想上幼儿园的时候，父母不要觉得孩子还太小，不去就不去，不妨顶着寒风带着孩子一起去幼儿园；孩子和父母跑步，再有十几米就要到达终点了，孩子喘着气想放弃，父母不妨拉着孩子的手，一起奔到终点；当孩子不想做家务活的时候，不要迁就，陪他一起做完。

吃苦来自生活中一点一滴的积累，来自一件件没有妥协退让的小事。

经常进行"诱导式"鼓励和表扬

在吃苦的过程中，孩子意志消沉往往是难免的，父母大可不必惊慌失措，或者因此否定孩子的能力，正确的做法应该是，引导孩子把吃苦看成促进自己成长的机遇。

为此，父母要细心地观察孩子，当看到孩子遇到困难而自己又难以克服时，鼓励孩子遇事不焦躁，学会自己想办法，必要时提供一些帮助；当发现孩子有进步时，要不失时机地表扬。或许孩子在困难或挫折面前有些退缩，但如果父母经常进行"诱导式"表扬，能够给孩子莫大的勇气。

"这一次你没有哭，比以前强多了。"

"你虽然一开始动作慢了点儿，但是比过去进步了，值得表扬。"

……

不妨给孩子一点劣性刺激

所谓的"劣性刺激"是指令人不满意、不舒服、不愉快的外界刺激。也就是说，父母要适当让孩子蜜一般的生活中有那么一点点的苦味，这可以增强孩子的心理承受能力和克服困难的意志。

如果两个孩子年龄尚幼，可以在游戏中"制造"一点麻烦。比如，孩子们在搭积木时，父母可以假装不小心将一座快建好的"高楼"弄塌，看着孩子沮丧或者愤怒的表情，你要诚恳地向孩子道歉，帮助孩子重新搭建"高楼"；也可以引导孩子分析"高楼"坍塌的原因，争取下一次搭建得更好，进而帮助孩子获得更多的韧劲和抗挫的能力，以及受挫折后的恢复能力，还有不向挫折低头的精神。

成长路上，没有捷径。无论你我愿不愿意，有些苦难迟早会来临。父母终将退出孩子的生活，那些没有受苦便得到的甜，总有一天要还回去。而让孩子通过努力去战胜苦难，他们才能真正获得御风飞翔的能力。